ビジネス常識としての法律〈第4版〉

堀 龍兒・淵邊善彦

日本経済新聞出版

まえがき

本書の基になった『会社法務入門』は、一九九三年の初版以来、企業法務を幅広くカバーするコンパクトな入門書として好評を博し、二〇年余り版を重ねてまいりました。二〇一四年七月に、タイトルを『ビジネス常識としての法律』と改めるとともに、最新の法改正や実務を反映し、全体的に理解しやすいようにブラッシュアップしました。幸いにその後も多くの方に読んでいただき、このたび第4版を発行することになりました。第4版では、会社法、個人情報保護法、消費者契約法、労働基準法、不正競争防止法等の法改正や経済安全保障推進法、フリーランス新法等の制定を反映するとともに、コーポレートガバナンス・コードの改訂や市場区分の見直し等による最近のコーポレートガバナンスの動向についても言及しました。

企業法務を取り巻く環境は、これらの法改正やデジタルトランスフォーメーション(DX)、生成AIを含むリーガルテックの進展などによって大きな変化が生じようとしています。法律分野の専門化や細分化も進んでいます。このような状況下において、企業法務の全体像を俯瞰して理解し、ビジネスに活かすことがますます重要になっています。

本書を読むことによって、ビジネス常識としての法律のエッセンスを知ることができ、その活用の基礎を身につけることができるはずです。社内の研修用のテキストとして、手元で常に参照するハンディな入門書として、学生が企業法務を知るための最初の一冊として、本書をフルに活用していただければ幸いです。

なお、本書は二〇二四年一月一日時点の法令等に基づく記述です。

第4版の出版においても、日経BP日本経済新聞出版の平井修一氏に大変お世話になりました。ありがとうございました。

二〇二四年一月

堀　龍兒
淵邊善彦

ビジネス常識としての法律――〔目次〕

［Ⅳ］人事・労務に関する法律

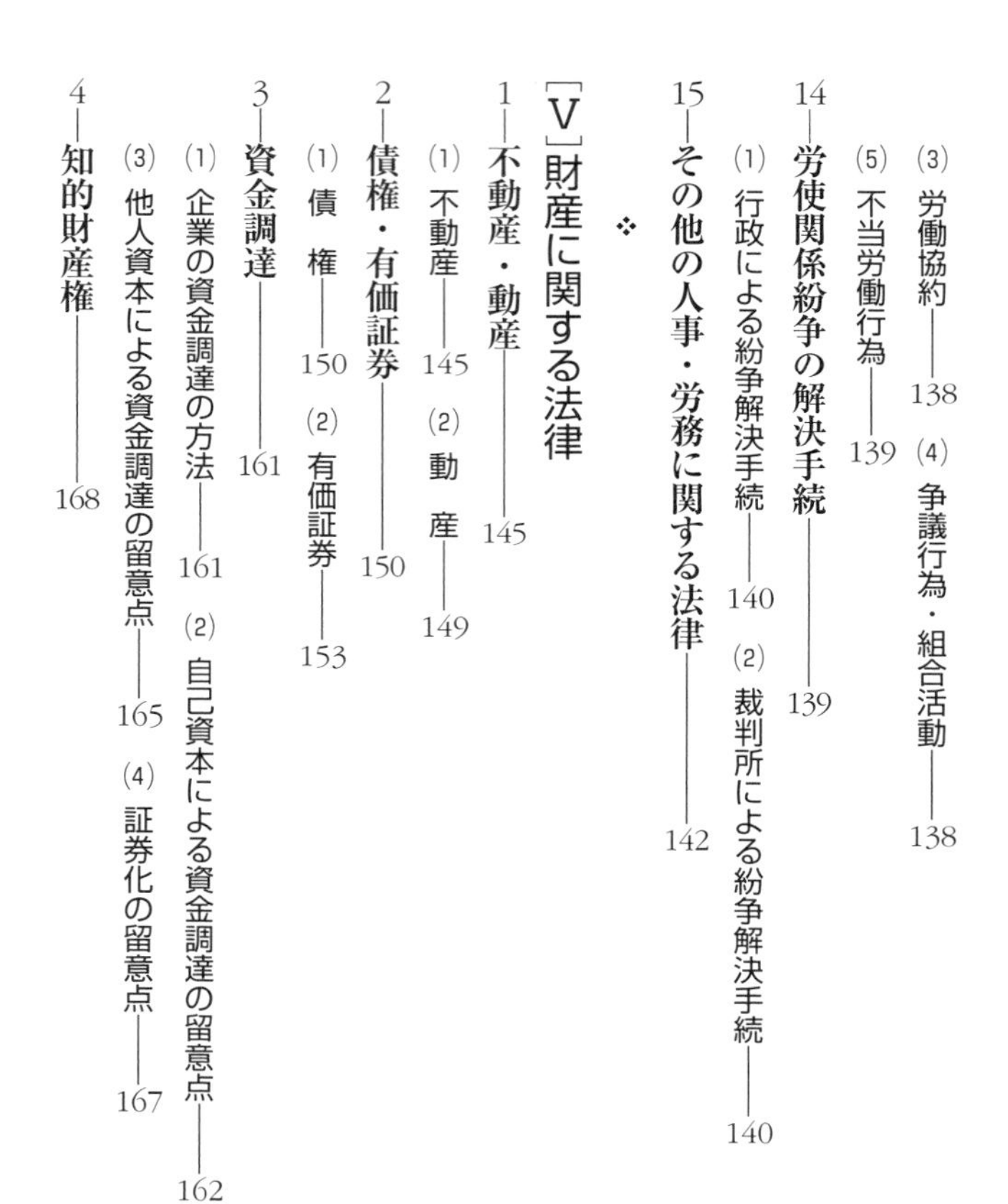

❖

[V] 財産に関する法律

❖

[VI]取引関係の法律

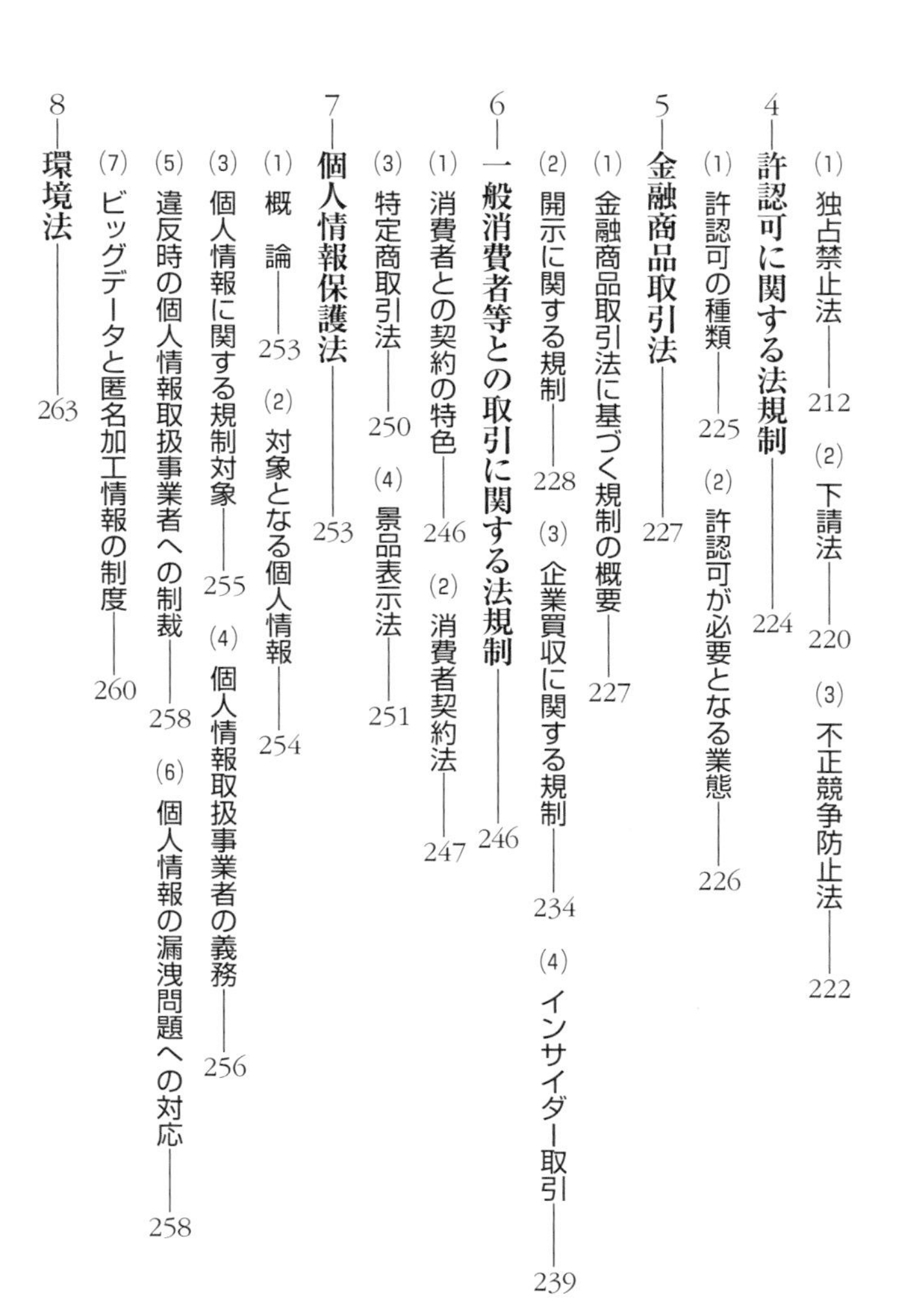

❖ COFFEE BREAK

Ⅰ　会社は法律とどう向き合うか

1―リスクマネジメントと法務

⑴　会社における四つのリスク

日本の会社は、グローバル化や技術革新が進む中で、国内外において活発な事業活動を行い、目覚ましい成長を続けているものもあれば、コロナ禍や事業環境の変化により倒産の危機に瀕しているものもあります。大企業も中小企業も、事業を行う上でいろいろな問題や摩擦を起こす可能性があり、社会的責任が強く求められる今日、会社を取り巻く環境は、厳しいものになるとともに、日々激しく変化しています。

会社は取引を増やし、事業を拡大するのに比例して、より多くのリスクを伴います。大事なことは、これらのリスクをいかに無くすか、無くせない場合はいかに最小限にとどめるかということです。一度、会社が大きなリスクを抱え込んだために、それが原因で経営危機に追い込まれるということもあります。その意味でも会社においては、リスクを管理することが大変重要になります。ここでは、そのリスクマネジメントについて、法律的対応を基本として考えてみようと思います。

会社におけるリスクは、大きく分けて、お金・人・物・信用の四つがあります。

① お金のリスク

会社にとって、最も重要なことは何かと言われれば、それはいかにお金を稼ぐか（利益を出すか）ということになります。会社は、お金を稼ぐために、多くの投資や取引をし、事業展開をするといった営業活動を行うのです。

投資をする場合には「投資したお金が利益を生んで還元されるのか」、融資をする場合には「融資したお金が適正な利息を付けられて約定通り返済されるのか」、取引をする場合には「発生した債権・債務が契約通りに履行されるのか」といった問題が常にあります。さらに、為替相場の変動、利率の変動、商品相場の変動、土地価格や株価の上昇・下落、カントリーリスクなどの問題もあり、会社が思わぬ大きな損害を被ることがあります。バブル経済の崩壊やリーマン・ショック、東日本大震災、コロナ危機などで、大きな損害を被った会社が、まさにこの例と言えるでしょう。

不正な会計処理を行い、虚偽の内容の財務諸表を作成して決算報告をする粉飾決算も大きなリスクです。架空取引により収益を実際以上に多額に見せる手法や、含み損を抱えた資産を他社に売却することにより損失を表面化させない「飛ばし」と呼ばれる手法などが使われます。いずれも金融商品取引法上は違法な会計処理であり、会社法上も取締役の責任が問題となります。

お金のリスクの中では、M＆A（企業の合併・買収）にかかるリスクが重要です。買収する側から見ると、買収対象の会社が見かけよりも不良要素が多くて高い買い物になってしまわないか（想定したシナジー効果が達成できるか）という問題があります。買収される側としては、今後の会社経営が以前より効率的に行われ企業価値が高まるのか、適正な対価をもらえるのかという問題があります。特にM＆Aにおける対価は高額の場合が多く、必ずしも友好的でないM＆Aにおいては、買収の対象会社に対する事前の調査（デューディリジェンス）が十分できないため、このようなリスクは大きいといえるでしょう。

税務リスクも想定しておかなければなりません。法人税、所得税、消費税などの租税法は企業のあらゆる活動に関連してきます。適切な租税戦略を立て、税務調査に対応することが求められます。近時は、税務当局と見解が対立し、不服申立てや裁判で争うケースが増えてきています。

② 人のリスク

会社にとって人は財産ですから、会社は、良い人材を確保し育成することに力を注いでいます。しかし、せっかく良い人材を確保しても、ヘッドハンティングやメンタルヘルスの問題などによって、その人が辞めてしまっては、会社の大きな損失となります。また、会社の役職員が退職する時には、会社の重要な営業秘密・ノウハウなどが流出・漏洩しないように配慮しなければなりません。会社としては、良い人材を雇用することが重要になりますから、必要な人材を外国人に求めることも多くなっていますが、ビザなどの観点から合法的に雇用することが必要です。

近年、残業代の未払い、長時間労働、みなし管理職、社会保険の未加入、偽装請負、違法解雇、内定取消、パワハラ・セクハラなど、人の問題がクローズアップされています。厳しい経営環境の中で、人にしわ寄せが来てしまっている会社が多いと思われ、法務リスクも増大しています。働き方改革が求められている中、いかに社員が働きやすい環境を整えるか、ＩＣＴやＡＩの活用、テレワークなどの業務の効率化を進めるかが、企業の競争力に影響する時代になっています。

会社の役職員による不祥事や労使紛争のために、対外的に信用を失うようなことも避けなければなりません。人事戦略や労務管理は、会社のトップマネジメントにおいても必要です。

③ 物のリスク

会社が取り扱う商品や資産が、まさに物であり、会社にとっては、商品の売上高を伸ばして利益を上げ、資産を増やすことが重要です。しかし、売り上げが予定通りには伸びず、商品在庫が増大して経営内容が悪化することもあります。また、公害などの原因となる物質や欠陥商品を製造したために多大な損害賠償をしなければならなくなったり、大きな風評被害を被ったりすることもあります。第三者の知的財産権を侵害している商品を製造・販売して、せっかく得た利益以上の損害賠償を支払う結果になることもあります。

これらを「物のリスク」といいます。会社の資産を形成するものは、当然、会社にとって役に立つ物でなくてはならず、不良資産となるようではいけません。資産が新しい資産を生み、含み益のある資産となるようにすべきです。

技術や情報などの「無体物」の管理も重要になります。従業員や退職者による技術流出や、サイバー攻撃による個人情報等の漏洩（サイバーセキュリティ）にも注意が必要です。また、サービス業の場合は、提供するサービスに関して物と同様のリスクがあります。ＡＩ、ＩｏＴ、ロボットなど技術革新が進む中、物に関するリスクの内容も大きく変わろうとしています。

④ 信用のリスク

信用こそが会社の命と言ってもいいでしょう。信用は、一朝一夕に獲得できるものではなく、日々の積み重ねによって、長年にわたって築かれるものです。しかし、この信用はまさに一瞬で失われてしまうこともあるのです。会社にとって信用は、あらゆる要素から形成されていますが、すでに説明したお金・人・物のリスクについても、その結果は信用にかかわってくるのです。

日頃から法令や社会規範・倫理に従った経営（コンプライアンス経営）を行い、契約をきちんと守ることが大切です。何か重要な問題が生じた場合は、すぐに情報開示をして適切な対応をとることも、会社の信用を傷つけないために気をつけるべき事項です。

会社の活動だけでなく、会社の役員や社員一人ひとりの行動が信用に影響します。会社は法律的にだけでなく、企業の社会的責任（CSR）があることを自覚すべきで、節度ある経済活動を考え、企業文化についても配慮する必要があります。また、世界的な流れになっている、SDGs（持続可能な開発目標）やESG投資（環境・社会・企業統治に配慮している会社への投資）についても意識しなければなりません。インサイダー取引や独占禁止法違反などの社会的影響が大きな例を挙げるまでもなく、不祥事が発生しないよう常に万全の注意を払うべきです。ひとたび問題が起きれば、国内だけでなく、国際的にも影響が広がる可能性が大きくなっています。海外子会社で起きた問題が親会社の信用を毀損することもあります。

(2) いかにリスクマネジメントするべきか

このように、会社が事業を続けるためには、たくさんのリスクと対峙することになります。利益を得るためには、リスクがあることを覚悟しなければなりません。そこで、そのリスクをいかに管理するかということが重要になります。

リスク管理を行う時に、まず必要なことは、リスクの内容（その性質、大きさ、発生確率）を予見することです。これは、簡単なようで難しく、例えば、ある取引を行う場合に、考えられる主なリスクを予見（想定）できるようになるには、ある程度の知識や経験の積み重ねを必要とします。それに加えて冷静な判断力も必要です。取引を行う営業担当者によっては、利益を追求するあまり、リスクを深く考えようとしないこともあります。リスクを予見するためには、複数の者があらゆる角度からモノを見ることが大切です。

リスクが予見できたとしたら、次に大切なことは、リスクにいかに対応するかということになります。例えば、あるプロジェクトを行う場合、リスクを認識した上で、どのくらいの確率で、最悪どれくらいの損害を負うことになるのか、そうなれば会社のビジネスや評判に与える影響はどの程度になるのか、リスクがある代わりにどれくらいの利益が予想されるのかを考えなくてはなりません。会社の成長のためには、一定のリスクを積極的に取りに行くことも必要になりえます。この会社としての判断については、異なった角度から見ることができるように人材を配置し、組織をつくり、意思決定の仕組み（稟議制度）を導入するのがよいと思います。

地震、台風、疫病、戦争などの非常事態への対応も不可欠です。従業員の安全に最大限配慮した事業継続計画（ＢＣＰ）を策定し、平常時と緊急時の具体的な対応マニュアルを整備すべきです。

(3) 法律的な対応が必要に

これまで見てきた会社のリスクマネジメントのために最も重要な判断は、法律的な対応についてであることが分かると思います。つまり、リスクの中でも最も注意を必要とするのは、法律違反が生じるようなリスクです。会社が違法行為や不法行為を行ってからでは遅いです。

法律を守るということは、絶対に必要なマナーであり、常識です。刑事的な制裁や行政的な規制を受けることになれば、会社にとって致命傷になりかねませんから、何が適法で、何が違法なのか（あるいはグレーなのか）ということを慎重に判断することが大事なのです。近年は、法的拘束力のないソフトロー（コーポレートガバナンス・コード、各省庁のガイドラインなど）への対応も重要です。そのためには、会社の経営者が、法的判断を行うことの重要性を認識し、有能な法務スタッフや弁護士を抱えてリスクマネジメントを行うことが必要です。

会社が急成長する段階では、背のびしようとして無理をすることがあります。例えば、お金の力で何事も解決できると信じた結果、法的または社会的制裁を受けて信用を失墜し、最悪の結果を招くようなことがあります。これは経営者がワンマンで、しかるべき管理体制ができていない会社に多く見られるようです。

法律的な判断を行うためのスタッフとしては、法務部ないしはコンプライアンス部を組織として確立させておくことが理想的です。法務部がリスクマネジメントを担当するためには、会社の活動を十分に理解し、社内外の情報がタイムリーに集まる仕組みが必要です。

会社の意思決定を行う時には、組織上も稟議上も法務部の見解を求めるようなシステムにし、法務部は、全社的・経営的感覚をもって判断することが必要です。法務部としては、的確な事実認定能力を有し、正しい法律的判断をすることが求められるので、その判断をするスタッフは、社会における幅広い知識と経験を持っていなければなりません。必要に応じすぐに適切な弁護士に相談できる体制も整えるべきです。

さらに、法務部は、会社の役員や事業部から気軽に見解を求められるような雰囲気の組織をつくり、これに対応できる人材を育成することが必要です。近年のグローバル企業やスタートアップ企業では、弁護士や経験豊富な法務部員が経営層に入ったり、社長直属のＧＣ（General Counsel 法務担当役員）やＣＬＯ（Chief Legal Officer 最高法務責任者）という地位についたりするケースも出てきています。

以上のとおり、会社におけるリスクマネジメントのために最も重要な判断として、法律的判断があり、この判断を一つ誤ると、会社は取り返しのつかない大きな損害を被るなど、会社の経営に重大な影響を与えることを十分に認識する必要があります。

2―コンプライアンス経営

(1) 日常の営業活動に必要な法律的対応

会社の営業に携わっている人は、意識しているいないにかかわらず、法律的な行為をしています。例えば、取引先との間で、商談から始まって、注文をとりまとめ、契約をするのは、法律的な行為です。電話・Eメール・対話によっても契約は成立するのです。

また、契約を締結する場合、その金額や内容によって、社長だけが権限を持つのか、営業部長に権限があるのか、課長にまで権限があるのかというようなことも法律的な問題です。資金調達、業務提携、債権回収などの場面においても法律が大きく関係します。

会社が日常の営業活動で法律的対応を怠ると、思わぬリスクが発生し、会社は大きな損失を被ることがあります。労務や税務についての正しい判断も求められます。日常の営業活動における、的確な法律的対応の積み重ねが、会社の健全な経営につながります。

(2) 経営者に必要な法律的対応

法律的対応を必要とするという意味では、会社の営業部門や管理部門に携わる従業員だけではなく、会社の経営者である役員も同様です。

会社の役員、つまり取締役や監査役、指名委員会等設置会社の執行役に対しては、会社法にその権限と責任が明確に規定されており、特に責任については厳しく定められています。役員には経営に関する重要な権限が与えられているのですから、これは当然のことといえるでしょう。

役員は、その権限と責任を、よく認識しておくべきです。そうでないと、ことの重大性を意識せずに背任に該当する行為をしたり、会社法や金融商品取引法違反を行っていたりという結果になりかねません。

また、役員は、会社の株主や債権者に対して、一定の責任を負っているので、株主総会や取締役会の運営、株主や債権者への対応などをよく勉強しておく必要があります。株主代表訴訟で、取締役の経営判断について善管注意義務（善良なる管理者の注意義務）違反が問題になるケースも増えています。

役員が、法律違反を犯すようなことがあれば、その影響はあまりにも大きいということを、よく認識しておかなければなりません。会社の役員が、会社法違反や刑法違反の行為をすれば、会社が民事的な損害賠償責任を負うだけでなく、刑事罰を受けることにもなります。

これは単に役員の責任だけでなく、会社が法的・社会的な制裁を受けることになり、大きなマイナスになりかねません。それだけに、経営には、法律的対応が必要となり、役員のリーガルマインドやリーガルセンスが必要となるのです。法務部や弁護士が経営に近いところで、適時適切にアドバイスすることも重要です。

(3) 社会的責任と法律的対応

会社が問われる責任には、法律的責任の他に、社会的責任(CSR)があります。例えば、法律違反をしているわけではないが、社会に重大な影響を与える会社の行き過ぎた活動などがこれにあたります。あるいは、なりふりかまわず営利を追求するあまり、社会の倫理に外れるような行為をした場合がこれにあたります。

過去には、売り惜しみがもたらした物不足や物価の高騰が社会問題化したり、地価の急激な上昇に影響を与えるような地上げや土地の買いあさりが行われたことがありました。また、環境汚染が、法令や行政指導で定められた基準をクリアしているとしても、周辺の住民には事実上何らかの悪い影響を与えているような場合もあります。会計・税務についても、法令を守るだけでなく、社会的責任やレピュテーションをも意識すべきです。

このような経済問題や環境問題によって会社が社会的責任を世に問われ、マスコミにも取り上げられることになると、会社としては、信用を失い、大変な損失を被ることになります。会社がその社会的責任を追及された時には、他者に何らかの迷惑をかけているのであれば、会社の行動を修正して、問題除去に誠意をもって努める必要があります。

会社としては、社会的責任や企業倫理を追及された場合に、これが間違っても法律的責任まで追及されることがないように、万全の策を講じる必要性があります。会社としては、社会的責任・企業倫理に対する社員教育を徹底し、まず、役員を含め社員の企業倫理に対する認識を、日頃から十分に深めておく必要があるのです。このことが、法律的対応に必要なリーガルマインドやリーガルセンスの育成に役立ちます。このような考え方をコンプライアンスといい、その体制を整備することはリスクマネジメントにつながります。

(4) コンプライアンス体制の整備

会社におけるコンプライアンスを徹底するためには、経営者がリーダーシップを発揮して、全役職員に分かりやすいコンプライアンスマニュアルを作成し、コンプライアンス担当を決めて組織上の体制（コンプライアンス体制）をつくり、教育訓練を実施する必要があります。その際、不正のトライアングル（動機、機会、正当化）に着目して対策を検討すべきです。コンプライアンス委員会は、コンプライアンス活動の計画を策定し、その進捗を管理します。また、内部監査部門は、定期または不定期にその活動状況の監査を行います。

大会社である取締役会設置会社は、コーポレートガバナンス（企業経営を管理監督する仕組み）の観点から内部統制システム（コンプライアンス体制やリスク管理体制を中心とした業務の適正を確保するための体制）について、取締役会で決議する必要があります。

また、上場会社においては、金融商品取引法に規定された内部統制報告書の提出義務があります。この報告書は、財務報告の信頼性を確保するための体制について、経営者がその有効性について評価するもので、公認会計士の監査を受ける必要があります。内部統制は個々の企業の実情によるところが大きく、過度の負担にならないような運用を工夫すべきです。

さらに、二〇一五年六月に東京証券取引所がコーポレートガバナンス・コードを策定しています（二〇二一年六月に改訂）。これは、上場会社の望ましいコーポレートガバナンスのあり方を原則の形で提言し、各企業にそれを実施するか、もし実施しない場合はその理由を説明することを求めるものです。

近年、コンプライアンス体制や内部統制システムの一環として、内部通報制度を整備する会社が増えています。内部通報によって、不祥事がいきなり行政機関やマスコミに公表されるのではなく、事前に企業内で適切に調査し、公表することが可能になります。公益通報者保護法により、内部通報者の保護と、コンプライアンス経営の向上が図られています。同法は、従業員三〇〇人超の事業者への通報窓口の設置義務づけ（三〇〇人以下は努力義務）、その実効性を確保するため匿名性確保のための罰則、通報者の損害賠償責任の免除などが規定されています。

不祥事は隠蔽することによって、さらに「二次不祥事」を招くことになり、企業にとっては致命的な事態に陥ることになりかねません。不祥事が発生しないような体制をつくるとともに、万一発生した場合に適切な対応が迅速に取れるように、常日頃からルール作りと教育をしておく必要があります。

(5) 有事の対応

重大なコンプライアンス違反（不祥事）が見つかった場合は、社内調査委員会または第三者委員会を設置した上で、事実調査と原因究明、その結果の公表と謝罪、さらに再発防止策の策定・実行がなされることになります。第三者委員会のメンバーは、中立で信頼性のある者の中から選任し、能力と迅速な対応力があるチームを組む必要があります。

また、有事には、速やかに事実を正確に把握し、社内でコンセンサスを得て、適切な対策を決定することが大切です。会社への損害を最小限に食い止めるためには、初動対応が決め手になります。法務部としても、弁護士等と連携をとって、当該違反行為の法的・道義的意味について瞬時の判断が求められます。マスコミに対しても、適時に適切な対応ができるよう、広報室を中心に情報を一元管理することが重要です。

COFFEE BREAK

グループ会社管理

グループ会社の内部統制システムについては、会社法においてその整備義務が定められ、金融商品取引法によって内部統制報告書の提出が求められています。特にリスクの高い新興国などの海外グループ会社で、コンプライアンス違反等が生じ、日本の親会社に大きな影響を及ぼす事態を避けるためにはどうすべきでしょうか。

まずは、現地で起きている法務・コンプライアンス上の問題の現状把握が必要です。過去事例の検証とアフターコロナにおける状況の変化に着目すべきです。その上で、グループ会社の実態に合った管理規程を設け、親会社による一定のコントロールができる体制を作ることになります。現地責任者の採用・評価、親会社からの人の派遣によるガバナンス、デジタルデータやリーガルテックの活用等により、情報の共有・活用と不正の早期発見や牽制につなげるべきです。

次に、有事に備えたガバナンス体制の構築と実効性のある対応策の検討が求められます。カルテル、贈収賄、マネー・ロンダリング、サイバー攻撃など生じうるリスクについて、現地法に照らして具体的に検討すべきです。その際、グローバルな内部通報制度を機能させることが重要になります。DX 化が進むこの機会に、内部通報制度の見直しと周知を進め、社内外から広く情報を集める体制を築くことを検討すべきです。

また、有事の際に、親会社の法務部門、グループ会社の法務担当者、外部の法律事務所がどのように連携してタイムリーに対応するかについても、日頃からシミュレーションしておく必要があるでしょう。

3―リーガルマインドとリーガルセンス

⑴「常識的に正しいか」「法律的に正しいか」

法律的対応を行う時に必要なのは、リーガルマインドやリーガルセンスです。リーガルマインドは、「法律的意識（思考）」であり、リーガルセンスは「法律的感覚（判断力）」とでも訳せるでしょうが、どちらも法律的な常識のことをいいます。

物事に対しての是非を判断するのは、常識によってなされます。常識とは、多くの人が普遍的に有している考え方、あるいは、ある物事に対して、誰が見ても正しい、悪いといった判断といえます。この常識が、リーガルマインドやリーガルセンスに通じるのです。

もちろん常識と思うことのすべてが、法律的に正しいということはなく、自分が常識と思うことが社会的な常識でないこともあるでしょう。まず、物事に対して、自分なりの常識で正しいかどうかの判断をして、正しいと見えたら、それが法律的に正しいかどうかを確かめてみるというステップが必要です。これが、まさにリーガルマインドであり、リーガルセンスであるといえます。

(2) ビジネスセンスとリーガルセンス

ビジネスセンスとは何でしょう。あいまいな言い方ですが、商売に通じる感覚といえます。会社が事業を行う場合には、このビジネスセンスを持った上で、リーガルセンスも併せ持っていることが理想です。事業にはリスクがつきものですから、これを回避するために一番大事なことは、リーガルセンスを持って法的な対応をすることなのです。

管理部門に携わる者にとってもビジネスセンスが必要になります。管理部門に所属しているとはいえ、あくまでも会社の事業を支えているのであり、要は会社としてうまく事業ができて、利益を上げることに貢献しなければならないのです。

管理部門に携わる者は、事業部門に対して、会社としてプラスになるのか、マイナスになるのかを考える、つまりビジネスセンスを加味した判断やアドバイスをすることが必要なのです。

(3) リーガルマインド、リーガルセンスを身につけるには

リーガルマインドやリーガルセンスを養うには、営業に携わる者であっても、やはり法律に何らかの興味を持つことが必要です。

法律が必要であるからといって、営業に携わる者が、関連するすべての法律を勉強しなければならないかといえば、必ずしもそうではありません。通常は、営業において実際に問題になった

ときに法律について勉強したり、研究・調査をすればよいのです。詳しいことについては、法務部や弁護士に相談すればよいのです。

一番大切なことは、ある物事に対して、「法律的に問題があるのではないか」という意識や疑問を持つことなのです。これこそが、リーガルマインドなのです。

このリーガルマインドを身につけるには、社内教育以外に、社外でセミナーを受講したり、法律文献を読んだりする必要がありますが、何といっても、仕事を積み重ね、経験をふまえた上で、その感覚を身につけていくのが最も有効な方法といえるでしょう。すなわち、オン・ザ・ジョブ・トレーニングです。そうして身につけた感覚こそが、本物のリーガルセンスなのです。

リーガルセンスは、実践経験をふまえて自然に生まれてくるものなのです。リーガルマインドが、法律を意識していることとすれば、リーガルセンスは、特に法律を意識していなくても、その人の判断の中に自然と法律的な考え方が入っているということなのです。

⑷ 法務教育の方法

法務部は、戦略法務と言われるような時代になると、ますます法務スタッフの陣容を強化する必要があります。そして、その実力を強化するための「法務部教育」が必要です。

いくら実務が大事だからといって、基礎となる理論や知識を忘れてはいけません。実務を押さえると同時に、法令・各省庁のガイドラインなどの規定や、学説・判例の考え方を的確に把握することが重要です。見よう見まねで実務を行って、理論が理解できないのでは、本当に知識が身についたことにならず、大失敗につながることがあります。

基礎教育として学ぶ第一歩は、民法と商法（会社法）です。民法では、総則・物権（担保物権）・債権・契約についての知識が必要で、親族・相続も無視するわけにはいきません。会社法は必須です。商法では、総則・商行為・手形法・小切手法が必要で、海商法（船舶、海運など海にかかわる法律）・保険法、信託法などについてはこれに関係するケースが生じた時に学べばよいと思います。上場会社においては、金融商品取引法の知識が必要であり、働き方改革との関連では労働法の知識も不可欠です。

それから、民事訴訟法・民事執行法・民事保全法・破産法・会社更生法・民事再生法です。これらの民事訴訟法関係の勉強は即実務ですので、裁判官や弁護士などが書いた文献を教科書とするのもよいと思います。裁判・執行手続、倒産手続等は、弁護士に委任することが多くなりますが、法務教育として、手続きの流れや問題になりやすいポイントについてはよく理解しておくべきです。

強調しておきたいのは、会計・税務の重要性です。企業のあらゆる取引において課税関係が問題になり得ます。特に国際取引や組織再編においては、課税関係が複雑で金額も大きくなるため、専門家も交えた検討が必要になります。また、取引相手の信用力を知るために財務諸表を分析したり、ある取引が自社の財務諸表に与える影響を検討したりするために、財務会計の知識が必要になります。これらの分野について、法務スタッフ自らが専門家になる必要はありませんが、問題になりそうなところに気がつく程度に、基礎的な知識とセンスが求められています。

もし基礎教育としてもう少し欲張って要求するならば、独占禁止法、国際取引法、各種業法、刑法（特にホワイトカラー犯罪）なども含めたいところですが、これらは会社の業種・規模・ニーズに合わせて、それに該当する必要な法律を学べばよいと思います。今後は、中国やアジアの主要国の法律についても、基礎的な知識が求められるようになるでしょう。さらに、AI、IoT、フィンテックなど最先端の技術やビジネスに関する知的財産法や個人情報保護法などの基本的な理解やそれに関連する法改正の動きなどもフォローしたいところです。

法務教育で大切なのは、「法務部教育」だけでなく社員に対する法務教育です。これは、会社の役員も含めた全社員を対象にしてリーガルセンスやリーガルマインドを身につけるための実務教育を行うということです。法務部が人事部と共同して、社員のレベルや資格等を考慮したカリキュラムを組んで行っていくことが重要です。会社全体の法務レベルを高めることこそが、重要な経営戦略の一つになるでしょう。

Ⅱ　法務部の組織と役割

1――法務部という組織

⑴　法務部の位置づけ

重要な案件を進めることの是非について、会社として法律的な判断が必要になることがよくあります。法務部の位置づけは、会社の規模、業種等によって異なります。中小企業では、法務部を持つ余裕はないかもしれませんが、外部の専門家を活用するなどしてその機能を補完するべきです。逆に大企業の場合、会社の経営陣が法律的検討を考慮に入れて的確な経営判断ができるようにするためには、法務部が会社の経営陣に直結しているような組織が望ましいといえます。

大切なことは、会社の経営陣に経営判断における法律の重要性をよく理解してもらい、重要な案件において適確な法律的対応を行ってもらう態勢を作ることなのです。もちろん、重要な案件については、他の関係部門にも法律的な対応について認識してもらわなければなりません。例えば、会社のプロジェクトに関する投資・融資を推進するか否かというような重要な案件については、社内の意思決定システムの中で必ず法務部の見解を述べられるようにしておくことがよいと思います。そうすれば、当該案件に関して、稟議書や審議会・検討会等の会議で法務部の意見が反映されることになり、会社全体として法律的な対応ができることになります。

近年は、CLO（Chief Legal Officer）またはGC（General Counsel）という立場の者が、経営陣の一画として、法務に関する業務を統括する会社も出てきています。

(2) 法務部に必要なスタッフ

それでは、法務部のスタッフには、どのような資質が必要とされるのでしょうか。もちろん、法律的な知識・素養が要求されますが、その前に、リーガルマインドやリーガルセンスが必要とされます。そのためには、大学の法学部出身者が適していると思いますが、近時は、弁護士（インハウスローヤー）やロースクールの卒業生という資格で活躍する人も増えてきています。

新人の頃には、基本的な法律知識があればそれでよいのですが、法務部の中堅からベテランになれば、それだけでは物足りません。やはり、法律実務に携わる者としては、専門的な法律知識に加えて、実践的経験を有していなければなりません。そのためには、デスクワークだけでなく、現場に出かけて多様な経験を積む必要があります。

一般的に法務部のイメージというと、どうしても堅く近寄りにくい感じを与えるようですが、柔軟で親身な明るい応対ができ、相談しやすい雰囲気にすることは、これからの法務部にとってたいへん重要なことといえます。また、事業部門から相談を受けるだけでなく、法務部から事業部門へ出かけていって仕事をするように努めることも大事です。これからの法務部は、受け身の仕事でなく、自ら働きかける前向きの姿勢が必要になります。

COFFEE BREAK

法務のプロになる！

法務部で働く人で、入社以来長年、法律業務を担当するという人が多くなっています。それは、法律業務が多岐にわたっているため、専門的に実務をこなすためには、長い期間の経験を要するからです。

法務部でまじめに勤務する人は、それだけで法律実務のプロフェッショナルになる資格はあります。しかし、日々の仕事を通じて実務を覚えるだけでなく、せっかく与えられた機会ですから、積極的な姿勢で、あらゆる場面に対処できるような、本当の意味での法律実務のプロと言える能力を身につけてください。もちろんそうなるためには、かなりの勉強量が必要になります。社会の変化に伴い法改正が頻繁に行われる今日、極端なことを言うと、プロには休日もありません。法律実務はもちろんのこと、リーガルテック活用の時代だからこそ、ビジネスや技術を理解するとともに、幅広い雑学も必要になります。そして、幅広い人脈づくりが大切です。

仕事と勉強の合間には、適当な遊びも必要でしょう。プロに最も必要なのは、実は柔軟な頭と健康な身体を養うことかもしれません。

2──法務部の業務

(1) 法務部の業務範囲

法務部の主な業務には次のようなものがあります。

- ●契約書の作成、レビューおよび定型契約のフォームの作成
- ●新規ビジネスの適法性の確認、法改正のフォロー
- ●クレーム・紛争の法的処理や解決、不祥事対応
- ●担保設定等を含む債権管理・法的手続等を必要とする債権回収
- ●株主総会、取締役会、M&A・組織再編、増資等の会社法・金融商品取引法関係業務
- ●知的財産権、個人情報等の法的管理・侵害対応
- ●独占禁止法・下請法関係業務
- ●労務関係業務
- ●内部統制システムの整備、コーポレートガバナンス、リスク管理関連業務
- ●その他専門的な法律知識や経験を必要とする業務

また、これらの業務は、国内だけでなく海外関係も含んでいることが多く、どの企業も国際法

務を意識せざるを得ない時代へと変わってきています。

法務部の仕事のうちで、最も基本的かつ重要で時間と労力を費やすものは、契約書の作成です。今日の法務部の業務は、契約書を作成する段階からではなく、その前の契約準備・交渉段階から携わるようになっています。

契約書は、取引におけるあらゆる場面、あらゆるリスクを想定し、事実関係を十分に把握した上で作成する必要があります（詳細は第VI章1節参照）。取引の実態に合っていないと、いくら立派な契約書を作成しても絵に描いた餅になってしまうので、担当営業部から十分に取引内容を聞いた上で、紛争になったときに本当に役に立つ契約書を作成する必要があります。

しかし、単に営業部から事実関係や要望を聞くという姿勢だけでは、的確に対応できない場合があります。日常の営業活動でも、契約や代金回収などは、法律的な知識を必要とします。営業部は、日々第一線で生きた法律的対応を行っているのです。したがって、法務部としては、営業部と一緒にできるだけ早い時期に行動を始めるべきなのです。予防法務のみならず、戦略法務を活かすのは、まさにここなのです。

営業部から法務部に相談してきた段階では、すでに事実上、営業部と契約相手方とで取引の大枠が決まっている場合が多く、法務部からいくら良いアドバイスをしても遅きに失していることがあります。ですから、契約の準備や交渉の段階から法務部が営業部と行動を共にして仕事に取り組むことが必要です。

特に海外取引の場合には、相手方として弁護士が出てくることが多く、営業部だけでは対応できないケースもあります。そのため法務部の早い登場が必要とされるわけです。法務部が契約準備・交渉時からかかわることにより、より早い段階でさまざまな選択肢の検討や法的な判断ができるので、契約締結まで逆にスムーズにいくことになります。

法務は予防法務の時代から戦略法務へと変わっています。転ばぬ先の杖という意味では、もちろん予防法務が大事ですし、有事対応という意味では、リスク対応や紛争の解決も重要です。しかし、これからはさらに一歩進んで、戦略的な法律的対応をしなければなりません。

契約やプロジェクトの取組みでは、法務部がブレーキ役ではなく、法的なアクセル役として、より有利な、より安全な条件をアドバイスすることが望まれています。経営的な視点も持って、法律を駆使して利益を生む、あるいはリスクを最小限に抑える仕組みを作ることが求められます。そのためには、自社に有利な法的スキームを作る工夫をすると同時に、どこにどの程度のリスクがあるかを感知し、最悪のシナリオを想定して必要な手当てをする能力が不可欠です。

(2) 他の部署との連携

会社の中には、法務部以外に法務業務にかかわっている多くの部署があり、それぞれが密に連携することが重要です。上場している大企業を例にとって見ていきます。

管理部門では、審査部、総務部、財務部、知的財産部、経営企画部、国際事業部、人事部、広報部その他多くの部署の仕事が法務部とオーバーラップしています。

例えば、審査部の業務のうち、担保管理業務では、担保設定契約書作成、登記手続、担保権保全、担保権実行などの法律知識を必要とします。債権回収業務では、差押え・仮差押え・仮処分、競売手続、倒産手続などの法律知識を必要とします。与信管理業務においても、取引先の信用度合を管理するうえで会社法や税法などの知識が必要になります。

また、総務部の業務のうち、文書管理業務は、法律知識を必要とし、まさに法律業務の一部といえましょう。株主総会や取締役会関係業務も、特に会社法関係の法律知識を必要とするところから、重要な法律業務といえます。反社会的勢力対策についても、法律的な対応を基礎とするべきです。これは、特に暴力団対策法、暴力団排除条例などの知識を必要とします。広報・PR戦略や不祥事対応においては、法務部、広報部、経営陣が平時から密にコミュニケーションを取り、有時にタイムリーに連携して対応することが大切です。

さらに、人事部においても、法律知識は必須で、特に労働法関係の知識は欠かせません。人事関連の内部通報があったり、訴訟や審判になれば法務部と連携を取って対応する場合もあります。

他方、中小企業ではこのような細分化はされておらず、総務部、管理部などという名称の部が管理部門としての業務をまとめて扱っている場合もよくあります。

3―外部の専門家との連携と分担

(1) 弁護士との関係

法務部と、最もかかわりが深い専門家が弁護士です。法務部の業務範囲や能力によっても異なりますが、一般的には、法務部ではほとんどの法律業務を行っています。しかし、訴訟手続、執行手続、保全手続、重要な契約書の作成、M&Aなどの大型取引、危機管理など重要な法律業務に関する相談などについては弁護士に依頼することが少なくありません。

会社としては、弁護士に報酬を支払って業務を行ってもらう以上、依頼するに足る弁護士に、その成果を期待します。つまり、有能な弁護士に依頼し、期待に沿った結果を得るようにすることも法務部の業務ということになります。法務部員は、単に営業部門と弁護士の間のメッセンジャーの役割を果たすだけではなく、依頼事項を法的に整理した上で効率的に依頼し、報酬や期限の管理をしっかり行うことが重要になります。

会社は、次のような資質を有する弁護士に依頼すべきです。

- スピーディーに実践的で正確な対応ができる
- ビジネスセンスや柔軟性がある
- 合理的な弁護士報酬である
- 依頼者に安心感を与え、頼りがいがある
- 専門性があり、かつ総合的な見方ができる
- バランス感覚があり正義感を忘れない
- 裁判所や弁護士会等における信用があり顔が広い
- 国際的経験やセンスがある

弁護士が判断を間違うと、依頼者である会社は大きな影響を受けます。ですから、臨機応変に対応できる実践的な弁護士、気力・体力の充実した弁護士、まさかの時に役に立つ弁護士が期待されるのです。

一人で何でもできる弁護士というのは、この複雑多岐な現代社会においては不可能に近いことです。それぞれ得意な分野を持つ、つまり専門性を有している弁護士が増えており、依頼者としては案件に応じて、それに対応できる弁護士（法律事務所）に依頼するべきです。

法務部としては、どの弁護士が何の専門であるかということを、いろいろな人脈や情報ネットワークを通じて知っておかなければなりません。そのために法務部のスタッフは、機会あるごと

に、多くの弁護士と接することが必要になります。弁護士一人で対応できない時には、多数の弁護士・スタッフを抱える総合法律事務所に依頼することも必要になりますし、その弁護士の専門分野でなければ、その分野を得意とする他の弁護士と一緒に対応してもらうことになります。

顧問弁護士は、会社と顧問契約を締結している弁護士のことで、会社からの法律案件の相談などの依頼があれば、優先的に対応します。また、会社の承諾がなければ、紛争の相手方からの依頼を受けず、競合他社の顧問弁護士にはなりま

COFFEE BREAK

弁護士と法務部との役割分担

近年大企業の法務部はその陣容を充実させ、実力をつけてきています。法務部は、弁護士よりもビジネスの現場に近いところにいるため、より実務的かつその業界の専門的な経験・知識を蓄積しやすい立場にあります。他方で、弁護士は、他社の類似事例を多く経験しており、裁判実務に詳しく、第三者として専門的・客観的見地からアドバイスできるという強みがあります。

これからは、法務部と法律事務所がそれぞれの強みを生かして補完し合い、役割分担して協働する時代です。すべての法律業務を法務部内で対応することも、すべて弁護士に任せることも適当ではありません。法律事務所も企業のニーズに合わせてあり方を変えていく必要があります。グローバル化やデジタル化への対応も求められています。法務部は、これまでの付き合いにとらわれず、自社のニーズに合った優れた弁護士と強固な信頼関係を築いていくべき時期に来ています。

せん。依頼者の言う通りに動くだけではなく、新しい発想を提案したり、依頼者に苦言を呈することのできる弁護士もありがたい存在です。法務部員としても、弁護士に任せっぱなしにするのではなく、一緒にチームを組んで役割分担しながら案件を進める姿勢が必要です。

顧問弁護士が依頼案件についてコンフリクト（利益相反）がある場合や得意でない分野の場合には、他の弁護士に案件を処理してもらうしかありません。会社として、現在の顧問弁護士が役立っていないということであれば、有能な他の弁護士が必要ですし、またこのような弁護士に新たに顧問弁護士として就任してもらうこともあるでしょう。

大企業は、顧問弁護士の有無に関係なく、案件ごとに複数の弁護士を使い分けるようになっています。その場合は時間制（タイムチャージ）によることが一般的です。また、弁護士を法務部員として採用する企業も増えてきています（企業内弁護士またはインハウスローヤーと呼ぶ）。さらには、大手の法律事務所などから、フルタイムの出向や定期的な駐在のような形で弁護士を受け入れている企業もあります。企業の現場で弁護士が働くことは、企業にとっても、弁護士にとってもメリットがあり、今後も人的交流が進むと思われます。

外国法が関連する案件については、海外の弁護士に依頼する必要があります。商社のように日常的に海外案件がある場合は直接海外の弁護士に依頼することもありますが、通常は日本の弁護士を通じてその分野に詳しい海外の弁護士を紹介してもらい、国内外の弁護士がチームを組んで対応することが多いと思います。英米系の大手法律事務所は既に世界の主要国に支店を有していますが、国内の法律事務所もアジア各国や欧米などにオフィスを開設し、さらにネットワークを拡大しつつあります。

(2) その他の専門家との関係

次に法務部にかかわりの深いのが司法書士の業務です。不動産登記にかかわる業務や商業登記にかかわる業務等が主になります。複雑な登記や迅速性を要する登記に対応できる実践的な能力のある司法書士が必要とされます。

公認会計士や税理士に対しても、会計や税務の問題で、会社として相談したり、対応を依頼することがあります。特にこれらについて法律的な検討も要求される場合には、法務部が窓口となって対応することがあります。

また、不動産の状況を正確に把握したり、正しい評価を得たりすることが必要なケースは、法務部が土地家屋調査士や不動産鑑定士に依頼して行うのがよいでしょう。

さらには、特許、商標等知的財産権については弁理士、行政手続については行政書士、人事・社会保険については社会保険労務士というように法律業務にかかわる資格を持った専門家の対応については、法務部が窓口となることが多く、法務部としては法律業務に関係する専門家とのネットワークを持っていることが重要です。

他にネットワークの中に入れたいのは、信用情報や人物情報を得るための信用調査機関や興信所等で、法律業務にとっても重要な関係のあるところです。他の会社の法務部員との交流の機会も貴重です。法律関係の情報や人脈を得るには、大学や裁判所、法務省、警察関係、その他行政官庁、公共団体などに人脈を持つことも期待されます。そのためには、業務において実力をつけつつ、機会あるごとに一つずつネットワークを作り、維持していくことが重要になります。

COFFEE BREAK

リーガルテック

リーガルテックとは、情報技術（IT）を活用した法律関連サービスやそのシステムのことをいいます。AIなどの技術の進化やリモートワークの普及などの影響により、今後数年のうちに、多くの法務部門において、以下のような作業のほとんどにリーガルテックが活用されるようになるでしょう。

- 契約書の作成・チェック支援
- 電子契約の締結・管理
- チャットボットによる法律相談
- 意見書・メモランダム作成（リサーチ機能）
- デューディリジェンス支援
- 訴訟支援
- 不正調査支援
- 自動翻訳

このうち、契約書のチェック支援については、法務省のガイドラインが出ています。

企業法務においては、AI搭載のリーガルテックが業務の迅速化・効率化・見える化・品質の均一化につながることが期待されます。過去の大量のデータによって訴訟書類、意見書、契約書などの作成・管理が精緻かつ効率的にできるようになり、不正調査も過去のデータやメールを解析することによって今より容易になるでしょう。

他方で、あくまでこれらはツールであり、使う人がその有用性と限界をよく理解して活用する必要があります。生成AIが進化するにつれ、企業法務のあり方も大きく変わる可能性があり、AIにできない付加価値のある法務サービスの提供を考える必要があります。リーガルテックは、これからの企業法務のあり方を考える上でとても重要なテーマと言えるでしょう。

Ⅲ　組織に関する法律

1――会社と会社法について

(1) 会社の概念

会社には、株主・社員・経営者・債権者・取引先・消費者・行政機関等さまざまな利害関係者（ステークホルダー）が存在します。会社法は、これらの利害関係を調整し、法律関係を円滑に処理する法律です。したがって、会社法は企業法務の基本中の基本で、その全体像を把握した上で、細部についても実務とのかかわりの中で理解を深めていく必要があります。

会社法上、会社は法人であり、団体自身の名前で権利を有し義務を負うことが認められます。また、会社とは、事業により得た利益を構成員に分配すること（営利）を目的とする営利法人です。さらに、会社は、複数の構成員が結合する社団です。もっとも、会社法上は、一人会社も認められています。

一方、公益法人は、営利を目的とせず、かつ、公益を目的とする事業を行う法人です。より厳密にいうと、公益法人とは、「一般社団法人及び一般財団法人に関する法律」により設立された一般社団法人・一般財団法人の中で、さらに「公益社団法人及び公益財団法人の認定等に関する法律」により公益性の認定を受けた公益社団法人・公益財団法人のことをいいます。

⑵ 会社の種類と特色

会社にはさまざまな種類が存在しますが、本章では、会社法に規定されている会社について紹介します。会社法上の会社とは、株式会社と持分会社のことをいいます。そのうち、持分会社には、合名会社、合資会社および合同会社が存在します。また、その他に会社法に規定が存在する会社としては、日本法以外の法に準拠して設立された会社である外国会社が存在します。ここでは、株式会社以外の会社について、簡単に種類と特色を説明します。

合名会社は、すべて無限責任社員（無限に会社債権者に対し直接責任を負う直接無限責任のみ負う）です。

合資会社は、有限責任社員（出資金を限度として会社債権者に対し直接責任を負う直接有限責任のみ負う）と無限責任社員から構成されます。

合同会社は、経営者と出資者が同一で、出資者すべてが有限責任社員であり、経営の自由度が株式会社より高いため、スモールビジネス、海外大手企業の日本法人、合弁会社等で使用されることが増えています。

外国会社は、日本法以外の法に準拠して設立された会社で、日本で継続して取引をする場合には、日本における代表者を定め、内国会社に準じ、登記をしなければなりません。

2──人・組織の種類および役割

会社法上の会社には、前記の種類の会社がありますが、株式会社が一般的ですから、以下は株式会社の人・組織について説明します。

株式会社の場合、人・組織としては、社員である株主、会社自体の意思決定・活動を行う自然人または会議体（取締役・取締役会等）である機関、会社に雇用されている使用人等の構成員が存在します。会社法では、機関として最低限要求されているのは株主総会と取締役のみであり、その他の機関は一定のルールの下で任意に設置されるにすぎません。上場会社においては、コーポレートガバナンス・コードに沿った株主対応、組織運営、情報開示等が求められます。

ここからは、株式会社の典型である取締役会設置会社かつ公開会社（発行する株式の全部または一部について定款による譲渡制限を定めていない株式会社）を前提に、株主、機関その他会社の構成員について説明します。なお、中小企業に多い非公開会社（公開会社でない株式会社）には、別のルールが適用される場面もあります。例えば、取締役の任期は定款によって一〇年まで伸ばせる、取締役会を設置しなくてもよい、定款で株主ごとに異なる取り扱いを定められる、株主権の行使要件が緩和されるなどのルールがありますが、複雑になるので本書ではこれ以上は触れません。

(1) 株主・株主総会

① 株式

株式会社における出資者である社員、すなわち株主の地位を細分化して割合的な地位の形にしたものを、株式といいます。

会社法は、各株式の権利の内容は同一であることを原則としつつ、その例外として、一定の範囲と条件の下で、権利の内容の異なる複数の種類の株式（種類株式）を発行することを認めています。ベンチャー投資では、優先的な剰余金の配当等を定めた種類株式がよく使われます。

現在原則となっている株券不発行会社では、譲渡当事者間では、株式譲渡の意思表示のみで譲渡の効力が生じます。もっとも、譲受人の氏名・名称と住所を株主名簿に記載しなければ、会社やその他の第三者に対抗することはできません。株主にとっては、会社の解散や剰余金分配等の場合を除き、株式を譲渡する以外にその投下資本を回収する方法がないため、株主は、原則として自由にその株式を譲渡できるとされています（株式譲渡自由の原則）。

ただし、その例外として、法律・定款・契約により、株式の譲渡が制限される場合があります。まず、(a)法律による制限とは、親会社は子会社に対して、その株式を原則として譲渡できないこと等です。次に、(b)定款による制限とは、すべての株式または一部の種類の株式の譲渡について、会社の承認を必要とする旨を定款に定めることです。譲渡承認手続は会社法に詳細に規定されており、最終的に株主はいずれかの者に株式を譲渡する道が確保されています。さらに、(c)契約による制限の場合とは、株主間の契約により株式の譲渡を制限する場合です。

② 株主

株主としての責任は、株式の引受価額を限度としています（株主有限責任の原則）。つまり、株主としてのリスクは、株式価格がゼロになることが限度であるということです。

また、株式が株主の地位を割合的な単位としたものであることから、株主は、株主としての資格に基づく法律関係については、その有する株式の数に応じて平等の取り扱いを受けるべきであるという原則（株主平等の原則）が認められています。

株主の権利は、自益権（会社から直接経済的な利益を受ける権利）と、共益権（会社の経営に参与する権利）に分けられます。

まず、自益権としては、剰余金の配当請求権が中心ですが、それ以外には、残余財産分配請求権や株式買取請求権等が挙げられます。自益権は、すべて単独株主権（一株の株主でも行使が可能な権利）です。

次に、共益権としては、株主総会の議決権が中心ですが、その他には株主総会の提案権・招集権、取締役等の違法行為の差止請求権、代表訴訟提起権、各種書類（会計帳簿、株主名簿等）の閲覧請求権などが挙げられます。共益権には、単独株主権と少数株主権（発行済株式総数または総株主の議決権の一定割合以上・一定数以上を有する株主のみが行使できる権利）が存在します。主な少数株主権は図表3-1の通りです。

③ 株主総会

(i) 概要　株主総会とは、株主が直接参加して、決議により会社の基本的意思決定を行う機関のことをいいます。株主総会は、株式会社の最高の決議機関ですので、本来であればすべての事項について決定できるはずですが、取締役会設置会社においては、会社の合理的運営を確保するために、業務執行を原則として取締役会の決議に委ねています。株主総会は、会社の経営上の重要事項について決議することが必要です。

以前は、株式を若干数保有して株主としての権利行使を濫用することによって、会社等から不当に金品を収受・要求する「総会屋」の存在が株主総会では問題となっていましたが、近年は利益供与の禁止が強化され、総会屋はほとんど存在しなくなりました。代わりに、経営陣に提案を

図表３－１　主な少数株主権

議決権・株式数要件	保有期間	単独・少数株主権
総株主の議決権の１％以上または300個以上	行使前６カ月	議題提案権（303Ⅱ）、議案通知請求権（305Ⅰ）
総株主の議決権の１％以上	行使前６カ月	総会検査役選任請求権（306）
総株主の議決権の３％以上または発行済株式総数の３％以上	なし	会計帳簿閲覧権（433）、検査役選任請求権（358）
	行使前６カ月	取締役等の解任請求権（854）
総株主の議決権の３％以上	なし	取締役等の責任軽減への異議権（426Ⅴ）
	行使前６カ月	総会招集請求権（297）
株主総会の議決権の10％以上または発行済株式総数の10％以上	なし	解散判決請求権（833）
議決権ベースで６分の１超（法務省令（規則197）で定める数）	なし	簡易合併等の反対権（796Ⅵ等）
単独株主権	なし	議案提案権（304）、株主名簿閲覧権（125）、議事録謄写・閲覧請求権（371）、質問権（314）、新株予約権原簿閲覧請求権（252）

行うために議決権を積極的に行使する「物言う株主」が増加し、会社もIRの観点から積極的に情報提供するいわゆる「開かれた総会」になってきたのが近時の傾向です。

　また、スチュワードシップ・コードにおいて、機関投資家の行動規範や倫理が定められ、二〇一七年五月と二〇二〇年三月に、当該コードの改訂がなされました。当該コードの受け入れを表明した機関投資家は三〇〇を超えるに至り、今後も、多くの機関投資家の議決権行使に影響を与えそうです。

(ii)　**権限**　取締役会設置会社においては、株主総会は、会社法や定款に定めている事項に限って決議することができます。会社法に定めている事項とは、(a)定款変更・合併・会社分割等の会社の基礎的変更に関する事項、(b)取締役・監査役等の機関の選任・解任に関する事項、(c)計算書類の承認等の計算に関する事項、(d)株式併合・剰余金配当等の株主の重要な利益に関する事項、(e)取締役等の報酬の決定等の取締役の専横の危険のある事項です。これらの事項を取締役会等の他の機関に委譲する旨の定款の定めは無効です。

もっとも、定款に定めることにより、株主総会の決議事項を拡張することはできます。

(iii) **運営**　定時株主総会は、事業年度の終了後一定の時期に招集され、それは通常一年に一回招集されます。また、臨時の必要がある場合には、いつでも臨時株主総会を招集することができます。種類株式を発行している会社は、種類株主総会の招集が必要になることもあります。

株主総会は、原則として取締役会の決議に基づいて代表取締役が招集します。例外的に、少数株主（六カ月前から常に総株主の議決権の一〇〇分の三以上を有する株主）は、まず取締役に招集を請求し、請求後遅滞なく招集手続がとられない時は、裁判所の許可を得て自ら招集することができます。

招集通知は、原則として、会日より二週間前に各株主に発送されなければなりません。その際に、会議の日時・場所、会議の目的事項、総会に出席しない株主は書面・電磁的方法により議決権行使できること（書面投票・電子投票を採用する場合）などを記載することが必要です。事業報告等の株主総会資料は、ウェブサイトに掲載して株主に提供することができます。

少数株主（六カ月前より引き続き総株主の議決権の一〇〇分の一以上に当たる株式、または三〇〇個以上の議決権を有する株主）は、取締役に対して、株主総会の八週間前までに、(a)株主総会で一定の事項を目的とすること（議題の提案権）、または(b)一定の場合を除き、その目的である事項につき議案を提出し（議案の提案権）、かかる議案の要領を株主に通知するよう請求することができます。ただし、当該株主が提案することのできる議案の数は一〇に制限されます。

株主総会において、各株主は一株（または一単元株）について一個の議決権を有しています。株主総会には、株主自身が出席してその議決権を行使することが原則ですが、例外的に、代理人による議決権の行使、書面による議決権の行使（議決権を有する株主数が一〇〇〇人以上の会社は必須）、さらに電磁的方法による議決権の行使を採用することを定めることが可能です。近年は、企業年金連合会や米国の議決権行使助言会社が、議決権行使に関する基準を設けて、個別議案への賛否をあらかじめ公表しています。

株主が少数であれば書面決議（みなし決議）によることも可能です。また、最近はリアルな会場を設けつつ、オンラインでの参加も認めるハイブリッド型バーチャル株主総会も行われており、一定の要件を満たせば、バーチャルオンリー型株主総会も可能になりました。

なお、株式会社は、誰であっても、株主の権利の行使に関し、会社または子会社の計算において財産上の利益を供与することが禁止されています。これに違反した取締役等は、供与した利益相当額を連帯して支払う義務を負い、刑事上の罪に問われることになります。

株主総会において審議される事項は、原則として、あらかじめ通知された議案に記載されたものに限られます。取締役・監査役等は、会議の目的である事項に関して、株主の質問に対し必要な説明を行う義務（説明義務）があり、これを怠ると決議取消事由となります。総会の議長は、総会の秩序を維持し議事を整理し、議長の命令に従わない者など総会の秩序を乱す者を退場させることができます。

決議には、図表3-2のものがあります。ただし、特殊決議以外は、定款によって、定足数を一定限度引き下げることができます。

決議に手続上または内容上の瑕疵がある場合、その決議の有効性を争う方法としては、決議取消の訴え、決議不存在確認の訴えおよび決議無効確認の訴えがあります。

まず、決議取消の訴えは、(a)招集手続または決議の方法の法令・定款違反、または著しい不公正、(b)決議内容の定款違反、(c)特別利害関係人の議決権行使による著しく不当な決議が存在する場合に提起できます。しかし、かかる訴えは、会社に対して、株主・取締役・監査役等が、決議の日から三カ月以内にのみ提起することが可能です。

次に、決議が存在しない場合には決議不存在確認の訴えを、決議の内容が法令に違反する場合

図表３－２　株主総会における決議

種類	普通決議	特別決議	特殊決議
定足数	議決権を行使することができる株主の議決権の過半数	議決権を行使することができる株主の議決権の過半数	議決権を行使することができる株主の半数以上、かつその株主の議決権の３分の２以上
決議要件	出席株主の議決権の過半数	出席株主の議決権の３分の２以上	
決議事項の例	取締役・監査役の選任、取締役・監査役の報酬の決定など	定款の変更、監査役の解任、合併・事業譲渡、会社の解散など	株式の譲渡制限を定める定款変更決議など

には決議無効確認の訴えを、正当な利益がある限り、会社に対して、株主はいつでも提起することができます。

(2) 取締役・取締役会・代表取締役

① 取締役

(i) 概要

取締役は、株主総会において選任され、会社と取締役の関係は委任契約になります（使用人兼務の場合は雇用契約も併存）。しかし、実際には、あらかじめ取締役候補者を取締役会等で決定し、これを株主総会に付議するという方法を採用しています。取締役の員数は、会社法では、取締役会設置会社の場合は三名以上と定められていますが、それ以上何人にするかは会社の規模、業種等に応じて決めるべきです。

会社法では、取締役の任期は原則として二年（定款で一年とする上場会社も多い）と定められていますが、会社が取締役を退任させたい場合には、任期途中であっても株主総会の普通決議を経て解任することができます。ただし、正当な事由がなければ、当該取締役から会社に対し損害賠償請求がなされることもあります。

監査等委員会設置会社および指名委員会等設置会社は、少なくとも二名以上の社外取締役（その要件に注意）を置く必要があります。また、公開会社であり、かつ大会社（資本金の額が五億円以上または負債の合計金額が二〇〇億円以上の会社）である監査役会設置会社であって有価証券報告書の提出義務のある会社には、社外取締役の設置義務があります。これら以外の会社では、社外取締役を置くかどうかは任意です。

また、上場会社は、上場ルールで社外性よりも厳しい独立性の要件を満たす社外取締役または社外監査役（独立役員）を一名以上確保することが求められ、上記独立性の要件を満たす社外取締役（独立取締役）を選任する努力義務も課されています。コーポレートガバナンス・コードは、プライム市場では三分の一、その他の上場市場では二名以上の独立社外取締役を置くよう求めています（実施しない場合は理由の説明が必要）。

(ii) **義務**　取締役は、会社と委任関係にあるので、善良なる管理者の注意義務（善管注意義務）を負います。また、法令・定款・株主総会の決議を遵守して会社のために忠実にその職務を行う義務（忠実義務）と、代表取締役やその他の役職員の業務執行を監視する義務も負います。監視義務の範囲は、取締役会に上程された事項に限らず、業務執行全般であるので注意が必要です。

ただし、他の役職員が行った職務は誠実に行われていると信頼してかまいません（信頼の原則）。

次に、取締役が、自己または第三者のために会社の事業の部類に属する取引をしようとする場合は、取締役会設置会社においては、その取引につき重要な事実を開示して、取締役会の承認を受ける義務（競業避止義務）を負います。そして、取締役は、取引後遅滞なくかかる取引についての重要な事実を取締役会に報告しなければなりません。

さらに、(a)取締役が当事者として、もしくは他人の代理人・代表者として、会社と取引をしようとする場合、または(b)会社が取締役の債務を保証する等、取締役以外の者との間で会社・取締役の利害が相反する場合は、取引につき重要な事実を開示して相当の説明を行った上で、取締役会の承認を受ける義務を負います（自己取引・利益相反取引の制限）。そして、取締役は、取引後遅滞なくかかる取引についての重要な事実を取締役会に報告しなければなりません。

(iii) **責任**　取締役は、会社または第三者に対して責任を負う場合があります。まず、会社に対する責任は、取締役が、その善管注意義務・忠実義務に違反した結果会社に損害を生じさせた場合、利益相反取引によって会社に損害を生じさせた場合、株主の権利行使に関して利益供与を行った場合などです。ただし、ビジネスにはリスクは付きものであり、委縮効果を与えすぎないために、取締役の裁量を尊重する「経営判断の原則」が認められています。多くの裁判例は、経営判断の前提となる事実認識の過程における不注意な誤りがないか、意思決定の過程と内容に著しい不合理さがないかを判断しています。

取締役の責任の追及方法としては、監査役設置会社においては、監査役が会社を代表して訴えを提起します。会社が取締役の責任追及を怠る場合には、株主（六カ月前より引き続き株式を有することが必要）が、会社に対して責任追及の訴えを提起するよう請求し、会社がその請求の日から六〇日以内に訴えを提起しない場合には、その株主は、会社のために訴えを提起することができます（株主代表訴訟）。株主代表訴訟で多額の損害賠償が認められるケースもあるため、多くの会社は、株主総会決議による責任免除に加え、定款に定めて、取締役会決議または責任限定契約によって取締役の責任を軽減したり、役員損害賠償責任保険（D&O保険）に入ることにより、取締役に萎縮効果を与えないようにしています。なお、一定の要件のもとで、親会社の株主が直接子会社の役員の責任を追及することもできます（多重代表訴訟）。また、取締役が責任追及を受けたことにより要する費用を会社が補償できる範囲や、補償契約や保険契約を締結するための手続き等が定められています。

次に、第三者に対する責任は、取締役が悪意・重過失により会社に対する任務（善管注意義務・忠実義務等）を懈怠し、これにより第三者に対して損害を負わせた場合です。また、取締役は、計算書類等の重要事項の虚偽記載や、虚偽の登記・公告をした場合にも第三者に生じた損害の賠償責任を負います。これらは、倒産した会社の債権者が、「第三者」として取締役の責任を追及するケースでよく問題になります。

(iv) **報酬等**　取締役の報酬は、定款または株主総会の決議によって定められています。もっとも、定款または株主総会においては、全取締役の報酬の総額の最高限度額を定めれば足り、個々の取締役への具体的配分の決定を取締役会に委任することは可能であり、それが通常です。さらに、取締役会は、具体的配分の決定を代表取締役に委任することも可能です（ただし、報酬の決定方針の決議や開示が必要になるなど一定の規律がある）。

取締役の退職慰労金も、在職中の職務執行の対価であるときは報酬に含まれます（近年上場会社は廃止する傾向）。株主総会決議において、明示的もしくは黙示的にその支給基準を示して、具体的な金額・支給期日・支給方法について取締役会に任せることは問題ないと解されています。取締役に対する新株予約権の付与（ストックオプション）も報酬の一種です。

使用人兼務の取締役については、使用人として受ける給与の体系が明確に確立されている場合には、使用人として受ける給与の分を取締役として受ける報酬と分けて支給することができます。

② 取締役会

(i) **概要**　株式会社の組織においては、株主総会の下に取締役会があります。取締役会とは、取締役全員で構成され、その会議で業務執行に関する会社の意思決定をするとともに、取締役の職務執行を監督する機関です。取締役会の設置は、原則として会社の自治に任されていますが、例外的に、公開会社・監査役会設置会社・監査等委員会設置会社・指名委員会等設置会社においては、設置が義務づけられています。

会社法では、取締役が三カ月に一回以上、業務の執行の状況を取締役会に報告することが必要とされています。ですから、取締役会は、少なくとも三カ月に一回は開催されることが必要ですが、一カ月に一回程度が一般的ではないかと思われます。

(ii) **権限**　取締役会は、会社の業務執行の意思決定と、取締役の職務の執行の監督を行います。

取締役会の業務執行の意思決定の内容としては、法令または定款で株主総会の権限とされている事項を除いた会社の業務執行すべてを含みます。

法律で取締役会の決定事項とされている事項については、原則として、取締役会で決定しなければならず、定款によってもその決定を代表取締役等に委ねることはできません。会社法上の法定決議事項（重要な業務執行の決定）には、主として、(a)重要な財産の処分および譲受け、(b)多額の借財、(c)支配人その他の重要な使用人の選任および解任、(d)支店その他の重要な組織の設置・変更・廃止、(e)社債の募集に関する重要事項、(f)内部統制システムの整備（第I章2節(4)参照）、(g)取締役等の会社に対する責任の一部免除などが挙げられます。

取締役の員数が多い会社等では、経営上重要な事項であってもすべて取締役会に付すことはしません。実際には、取締役会付議事項を会社法上認められる範囲で可能な限り絞ったうえで、まずは経営会議や常務会に付して実質的な議論をし、後日取締役会で決議する方法が多く行われています。

また、上場会社である監査役会設置会社においては、コーポレートガバナンス・コードに沿って、社外取締役により構成される任意の指名・報酬委員会を設ける会社が増えています。その多くは、社外取締役が過半数を占めるか、社外取締役が委員長になることにより、社外取締役の発言力を強める構成になっています。

取締役会は、業務執行に関する意思決定を行うだけであり、業務執行自体は、代表取締役や業務執行取締役が行います。取締役会は、代表取締役等の職務の執行を監督し、代表取締役等の選定および解職を行います。

ⅲ **運営** 取締役会の招集は、会社法上は各取締役が行うことができますが、一般的には定款等の定めにより、代表取締役が行うこととなっています。監査役会設置会社では、監査役に対しても招集通知を行うことを必要とし、監査役も取締役会に出席して、必要があると認められるときは意見を述べることが義務づけられています。場合によっては、監査役にも取締役会の招集権があります。一定の要件のもとで、書面決議やＴＶ会議も認められています。

招集通知は、原則として、会日より一週間前に、各取締役および監査役に対して行うことが必要とされていますが、必ずしも招集通知に会議の目的事項を示す必要はありません。

取締役会の決議は、議決に加わることができる取締役の過半数が出席し、出席者の過半数でなされることが必要です。取締役には、一人一議決権が認められていますが、他人に委任して議決権を行使することは認められていません。また、決議について特別の利害関係を有する取締役は、決議に参加できません。ここで注意が必要なことは、決議に反対した取締役は、議事録に異議をとどめないと決議に賛成したと推定されることです。

取締役会決議に手続上または内容上の瑕疵がある場合には、株主総会のような特別の訴えの制度はなく、決議は当然無効となりますので、誰でもいつでも、無効を主張できます。

③ 代表取締役

代表取締役とは、業務を執行し、対外的に会社を代表する機関です。代表取締役は、取締役会において、取締役の中から選定されます。取締役会で代表取締役を解職することはできますが、取締役を解任することまではできないので、かかる代表取締役は取締役の地位までは失いません。

代表取締役は、株主総会決議・取締役会決議で決められた事項を執行するほか、取締役会から委譲された事項については自ら意思決定をし、執行します。業務執行が対外的な行為である場合には、対外的に会社を代表することになります。もっとも、前述のとおり、重要な業務執行の決定については、取締役会に付議されることが必要です。

代表取締役が会社を代表して行った行為については、会社が責任を負うことになります。代表取締役の代表権は、会社の業務に関する一切の裁判上・裁判外の行為に及びますので、これを制限しても善意の第三者に対抗できません。また、会社を代表する権限があると認められるような名称（社長、副社長、専務、常務など）がつけられた取締役（表見代表取締役）の行った行為については、会社は、善意の第三者に対して責任を負うことになります。

(3) 監査役・監査役会

① 監査役

(i) 概要　監査役とは、取締役等の職務執行を監査する機関のことをいいます。監査役の設置は、原則として会社の自治に任されていますが、取締役会設置会社および会計監査人設置会社においては、原則として設置が義務づけられています。ただし、監査等委員会設置会社および指名委員会等設置会社については、監査役を置いてはなりません（監査役と監査等委員会および監査委員会では機能が重複し、責任の所在が不明確になるため）。コンプライアンス経営が意識される中で、監査役の役割は重要になっています。

監査役も、株主総会で選任・解任され、その任期は四年です。選任は普通決議ですが、解任は特別決議が必要です。監査役会設置会社では、三名以上で、その内半数以上は社外監査役であることを要しますが、それ以外の会社では、自由に員数を定めることができます。監査役には、その会社および子会社の取締役、使用人等との兼任規制があります。

(ii) **権限** 監査役は、原則として会計監査（計算書類等の監査）と業務監査を行います。しかし、かかる業務監査は、原則として、業務執行の適法性（法令・定款違反）の監査に限られます。なお、監査役が数名存在する場合でも、監査役会が設置される場合でも、各監査役は独立して監査権限を行使することができます（独任制）。

監査役には、監査機能を充実するために多くの権限・義務が付与されています。

まず、監査役は、いつでも取締役や使用人等に対し事業の報告を求め、または会社の業務および財産の状況を調査することができる調査権（子会社の調査権も含む）を有しています。一方で、監査役設置会社の取締役は、会社に著しい損害を及ぼすおそれのある事実があることを発見した時は、直ちに、かかる事実を監査役に報告することが義務づけられています。監査役は、取締役の違法行為・定款違反行為、またはこれらの行為を行うおそれがあり、それにより会社に著しい損害が生じるおそれがあると認められる時は、その行為の差し止めを請求する権利があります。

次に、監査役は、取締役会に出席して必要があれば意見を述べることが義務づけられており、取締役の違法行為・定款違反行為・著しく不当な行為、またはそれらのおそれのある場合には、取締役会へ遅滞なく報告しなければなりません。監査役が必要があると認める場合は、招集権者に対して取締役会の招集を請求し、招集されない時は自ら招集することができます。

また、監査役は、株主総会提出用の議案および書類を調査し、法令・定款違反または著しく不当な事項があると認められる時は、その調査結果を株主総会に報告する義務があります。

さらに、監査役は、事業年度ごとに監査報告を作成し、監査の結果を株主等に報告する義務があります。

(iii) 義務・責任　監査役も、取締役と同様に、会社とは委任関係にあるため、その職務を行うについて善管注意義務を負い、その任務を怠った時には、会社に対して損害賠償責任を負うことになります。

また、監査役は、その任務懈怠について悪意・重過失がある時は、これにより第三者に生じた損害を連帯して賠償する責任があります。さらに、監査役が、監査報告に記載し、または記載すべき重要な事項について虚偽の記載(不記載)を行った時は、その行為(懈怠)をすることにつき注意を怠らなかったことを証明しない限り、第三者に対して、連帯して損害賠償責任を負います。

(iv) 報酬　監査役の報酬は、取締役の報酬と区別して、定款または株主総会の決議で定めます。監査役が数人いる場合には、各監査役の具体的な配分額について、定款の定めまたは株主総会の決議がなければ、定められた総額の範囲内で、監査役が協議して定めます。取締役に対して、その配分の決定を一任することはできません。

② 監査役会

監査役会は、半数以上の社外監査役を含む三名以上の監査役全員で組織されます。監査役会の設置も、原則として会社の自治に任されていますが、指名委員会等設置会社および監査等委員会設置会社以外の大会社で公開会社である会社は、設置が義務づけられています。

監査役会は、(a)監査報告の作成、(b)常勤の監査役の選定・解職、(c)監査の方針、会社の業務・財産の状況の調査方法、その他の監査役の職務の執行に関する事項の決定などの業務を行います。もっとも、(c)については、個々の監査役の権限の行使を妨げることはできません。

監査役は、監査役会の求めがある場合は、いつでもその職務の執行の状況を監査役会に報告しなければなりません。

監査役会は、原則として、招集権を有する個々の監査役による各監査役への通知により、必要に応じて招集され、開催されます。

③ その他

(i) **会計監査人** 会計監査人は、会計監査を行う者で、公認会計士または監査法人でなければなりません。会計監査人の設置は、原則として会社の自治に任されていますが、例外的に、公開会社である大会社、監査等委員会設置会社および指名委員会等設置会社は、設置が義務づけられています。

(ii) **会計参与**　会計参与は、取締役・執行役と共同して、計算書類等を作成する者で、税理士等の専門家がなります。会計参与の設置は、原則として会社の自治に任されています。主に会計監査人が設置されない中小企業での活用が期待されています。

(4) 指名委員会等設置会社

① 概要

株式会社は、定款に定めることにより、三つの委員会（監査委員会・指名委員会・報酬委員会）と執行役を設置する指名委員会等設置会社を選択することができます。指名委員会等設置会社においては、取締役ではなく、執行役が意思決定や業務執行を行い、監査役を設置することはできません。もっとも、指名委員会等設置会社は、二〇二三年八月時点で上場会社約四〇〇〇社の中で九一社しか選択されておらず、経営者の人事と報酬が、会社の外部者である社外取締役によって最終的に決定されることへの抵抗感があるなどの理由であまり利用が進んでいません。

② 取締役・取締役会

指名委員会等設置会社において、取締役の任期は一年です。取締役は、原則として取締役の資格で業務執行をすることはできません。もっとも、取締役が、執行役を兼任することは可能です。取締役は、支配人その他の使用人と兼任することはできません。

取締役会の権限は、原則として、(a)基本事項の決定、(b)委員会の委員の選定・解職、(c)執行役の選任・解任、(d)執行役等の職務の執行の監督などに限定されます。そして、取締役会は、法の定める基本事項を除いて、業務決定の権限を執行役に委任することができますが、取締役に委任することはできません。

委員会がその委員の中から選定する者と各執行役は、取締役会を招集することができます。また、委員会がその委員会の中から選定する者は、遅滞なく、委員会の職務の執行状況を取締役会に報告する必要があります。さらに、執行役は、三カ月に一回以上、自己の職務の執行状況を取締役会に報告し、取締役会の要求があった場合には、取締役会に出席し、求められた事項を説明する必要があります。

③ 委員会

三つの委員会の権限は次の通りであり、これらを取締役会の権限とすることはできません。指名委員会は、株主総会に提出する取締役の選任・解任に関する議案の内容の決定を行います。監査委員会は、(a)執行役等の職務の執行の監査、(b)監査報告の作成、(c)株主総会に提出する会計監査人の選任・解任および会計監査人を再任しないことに関する議案の内容の決定を行います。報酬委員会は、執行役等の個人別の報酬等の決定を行います。

各委員会は、取締役会決議で選定した三名以上の取締役から構成されますが、委員の過半数は社外取締役であることが必要となります。同じ取締役が複数の委員会の委員を兼ねることは可能です。しかし、監査委員は、その会社・子会社の執行役・業務執行取締役、または子会社の会計参与・支配人その他の使用人を兼ねることはできません。

④ 執行役・代表執行役

執行役は、会社との関係は委任関係であり、(a)取締役会決議により委任された業務執行の決定を行い、(b)業務を執行します。執行役は、取締役会決議で選任され、任期は一年です。執行役は、会社に著しい損害を及ぼすおそれのある事実を発見した場合は、直ちに、その事実を監査委員に報告する必要があります。

執行役が一名の場合は、その者が代表執行役になりますが、複数存在する場合には、取締役会決議で代表執行役を選定します。代表執行役には、代表取締役に関する規定が準用されます。

(5) 監査等委員会設置会社

監査等委員会設置会社は、監査等委員会が取締役の業務執行を監査する制度です。監査等委員会設置会社は、指名委員会等設置会社と監査役会設置会社の中間形態として利用が進んでいます。

監査等委員会は、三名以上の監査等委員の過半数は社外取締役でなければなりませんが、指名委員会と報酬委員会に相当する委員会の設置義務はなく、執行役や監査役はいません。監査等委員である取締役は、株主総会において他の取締役と区別して選任され、任期は二年で定款によっても短縮することはできません。監査等委員は、取締役会において議決権を行使するとともに、取締役の職務の執行の監査や監査報告の作成をするなど監査役と同様の権限も有します。

⑹ その他会社の構成員

① 執行役員

会社法には規定がありませんが、会社の特定の業務に専念する役員を執行役員として置いている会社が、取締役の数の減員を図る上場会社等で多く存在します。執行役員は、指名委員会等設置会社の執行役とは異なり、法律上の機関ではなく、一種の重要な使用人となります。取締役と兼任してもしなくても構いませんが、単なる執行役員の場合には、取締役のように経営責任がありません。ただし、執行役員に社長、副社長、専務、常務などの肩書を付けると、表見代表取締役の行為の責任と同様の責任が問われる可能性があります。会社とは委任契約もしくは雇用契約を結ぶことになりますが、社内では役員扱いとしているところが多いと思われます。

② 使用人

使用人とは、経営者の指揮命令に服して会社の業務を補助する者であり、通常は会社と雇用契約関係にある従業員のことをいいます(執行役員も法律上は使用人とされる)。会社における役職が、支配人、理事、本部長、部長、課長等であっても、役員でなければ使用人です。会社法と従業員との間の雇用契約関係については第Ⅳ章において触れますが、ここでは、会社の使用人にかかる対外的な権限等について説明します。

会社は、使用人の中から支配人を選任して、会社の本店または支店の事業を行わせることができ、支配人は、会社の本店や支店における事業に関する一切の裁判上、または裁判外の行為を行う権限を持っています。取締役会設置会社では、取締役会決議によらなければ支配人の選任および解任を決定することはできず、また、支配人については会社の本店や支店の所在地において登記することが必要です。支配人ではないものの、「支店長」「営業所長」など、会社から本店または支店の主任者であることを示す名称を付された使用人については、表見支配人として、善意の第三者との関係では、会社の本店や支店の裁判上の行為を除いて、支配人と同一の権限を持つものとみなされます。また、部長、課長など、営業に関する特定の事項について委任を受けた使用人は、その事項に関して一切の裁判外の権限を有することになります。

近年、特に会社の営業部長や課長等が、権限外の行為を行ったり、権限がないにもかかわらずあるかのようにふるまって契約を締結するなどして、契約の相手方に損害を与えるケースがよくあります。また、営業部長や課長等が契約をもとに自己や第三者の利益を追求し、背任や横領などの不法行為によって、結果的に契約の相手方に損害を与えてしまうといったこともあります。

このような場合に、会社は、前記の表見支配人等としての責任だけでなく、民法上の表見代理としての責任や使用者責任も負うことがあります。

使用者責任という言葉はさまざまな意味で用いられますが、民法においては、使用人が会社の業務の執行について行った行為によって第三者に損害を与えた場合に、その第三者に対して会社が負う損害賠償責任をいいます。使用者責任に基づいて会社が第三者に損害を賠償した場合、会社は使用人に求償することができますが、使用人に資力がない場合には、事実上会社がその負担を甘受しなければならないことになります。ただし、会社は使用人の選任や監督に相当の注意をしていれば、この使用者責任を免れることができます。

3—会社の計算

(1) 計算書類

株式会社は、各事業年度にかかる計算書類（貸借対照表、損益計算書、株主資本等変動計算書、個別注記表）、事業報告およびこれらの附属明細書を作成します。株式会社の計算書類の作成は、会社法の規定または一般に公正妥当と認められる企業会計の慣行としての企業会計原則に基づいて行われます。

COFFEE BREAK

――コーポレートガバナンス・コード――

東京証券取引所（以下「東証」という）では、実効的なコーポレートガバナンスの実現に資する主要な原則を取りまとめた「コーポレートガバナンス・コード」（本コード）を定めています。

プライム市場・スタンダード市場の会社は本コードの全原則について、グロース市場の会社は本コードの基本原則について、実施しないものがある場合には、その理由を説明することが求められます。本コードは、いわゆるソフト・ローとして、上場会社のガバナンス強化に大きな影響を与えています。本コードの基本原則は以下のとおりです。

- 株主の権利・平等性の確保
- 株主以外のステークホルダーとの適切な協働
- 適切な情報開示と透明性の確保
- 取締役会等の責務
- 株主との対話

本コードの2021年6月改訂の主なポイントは、①取締役会の機能発揮、②企業の中核人材における多様性の確保、③サステナビリティを巡る課題への取組みなどです。中でも、①については、以下の項目が取締役会のあり方に変革を促していて重要です。

- プライム市場上場企業において、独立社外取締役を3分の1以上選任（必要な場合には、過半数の選任）
- 指名委員会・報酬委員会の設置（プライム市場上場企業は、独立社外取締役を委員会の過半数選任）
- 経営戦略に照らして取締役会が備えるべきスキル（知識・経験・能力）と、各取締役のスキルとの対応関係の公表
- 他社での経営経験を有する経営人材の独立社外取締役への選任

監査役設置会社においては、作成された計算書類等について監査役の監査を受け、取締役会設置会社においては、所定の監査を受けた計算書類等について取締役会の承認を受けます。その上で取締役が計算書類等を定時株主総会に提出して、原則としてその承認を受けます（取締役会設置会社かつ会計監査人設置会社が一定の要件を満たす場合は報告で足りる）。当該株主総会終結後、会社は遅滞なく貸借対照表（大会社ではこれに加えて損益計算書）を公告します。ただし、有価証券報告書の提出義務がある会社は公告は不要です。

(2) 剰余金の配当

会社は、株主総会の普通決議により、いつでも株主に剰余金を配当することができます。また、取締役会設置会社は、定款に定めることにより取締役会決議で中間配当を行うことができます。さらに、監査等委員会設置会社、指名委員会等設置会社、および会計監査人設置会社である監査役会設置会社で取締役の任期が一年を超えない会社は、定款に定めることにより、取締役会で剰余金の配当を決定できます。剰余金の配当は、株主平等の原則に従い、株主の有する株式の数に応じてなされます。但し、異なる種類の株式（配当優先株・劣後株等）は別途の取り扱いがなされます。

会社法上、利益配当、中間配当、資本および法定準備金の減少に伴う払戻し、自己株式の有償取得などは「剰余金の配当等」として統一的に財源規制が設けられています。剰余金の配当等により株主に分配する金銭等の総額（帳簿上の金額）は、会社法所定の方法で算出される分配可能額を超えてはなりません。この計算は複雑なので注意すべきです。また、株式会社の純資産額が三〇〇万円未満の場合、剰余金があってもこれを株主に配当することはできません。会社が分配可能額算出の制限に反して配当する違法配当（いわゆる蛸配当）については、取締役等が会社や第三者に責任を負います。

4―M&A（合併・買収）

(1) 概　説

近年、グローバル競争が激化し、企業が勝ち残り・生き残りをかけてM&A（合併・買収）を行うことが増えてきています。また、中小企業の事業承継の一手法や、ベンチャー・スタートアップ企業の株式公開に代わる出口戦略として、M&Aが広く活用されるようになっています。さらに、大規模・多角化企業の事業再編においても活用されています。

M&Aにおいては、会社法、民法、知的財産法、労働法など多くの法分野が関係し、契約書や手続きも専門的になるため、豊富な知識・経験が求められます。また、大型案件に際しては、独

図表3－3　M&Aの手法の概要

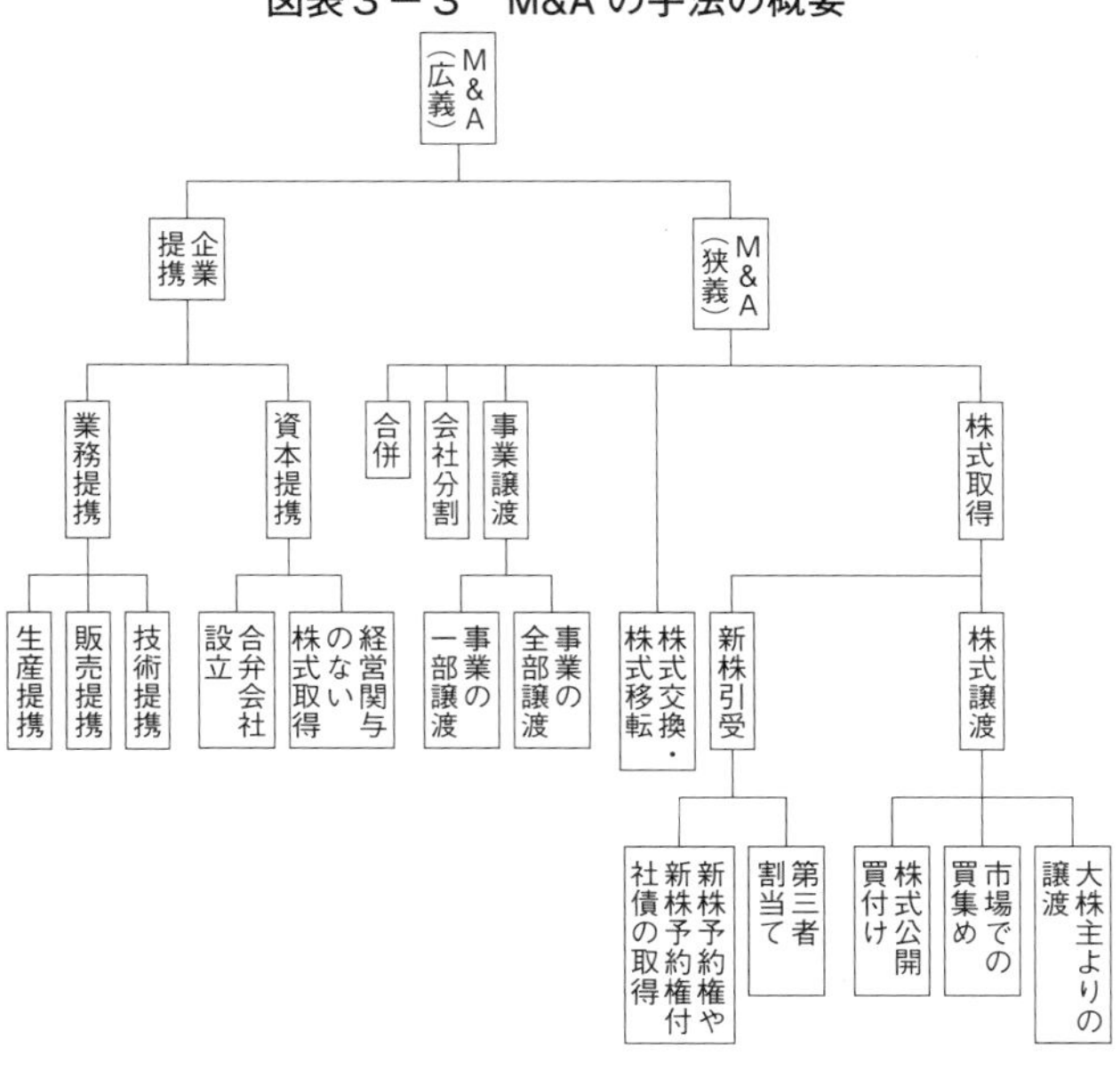

占禁止法上の企業結合規制に注意が必要です（第Ⅵ章3節(1)④参照）。

M&Aの手法の概要は図表3－3の通りです。狭義のM&Aは、ストックディール（株式取引）とアセットディール（事業取引）に分けることができ、次の通り、株式取得と組織再編（組織変更は除く）に整理することもできます。

(2) 株式取得

株式の譲渡は、通常は2節(1)①で前述した方法によって行われます。

株式の譲渡にあたっては、対象会社の様々な問題点を調査するデューディリジェンスの手続きと、対象会社の企業価値評価に基づく適正な株価の交渉が重要になります。株式の譲渡のためには、原則として株主総会の承認は必要なく、組織再編に比べて手続的には簡易に行えます。ただし、親会社の総資産額の五分の一超の帳簿価額の株式を売却し、親会社が過半数の議決権を有しなくなる場合は、親会社の株主総会の特別決議が必要になります。また、対象会社が

COFFEE BREAK

デューディリジェンス

M&Aにおいては、主に買い手が対象会社について、デューディリジェンスと呼ばれる調査を行います。ビジネス、財務、法務、税務、労務、知的財産、ITなどの専門家が関与して、対象会社の企業価値やリスクなどを短期間に集中的に調査し、契約交渉に使います。調査の程度はM&Aの規模や対象会社の業種・リスクの大小により異なりますが、買い手の取締役がM&Aの実行に際し善管注意義務を果たした、と言えるだけの調査を予算や時間の制約がある中で効率的に行うべきです。

対象会社や売り手の法務担当者は、法務デューディリジェンスの矢面に立つことになります。書類要求リストに沿って必要書類を集め、開示内容を確認する、相手方弁護士からの大量の質問事項に回答するなどの短期集中のハードワークが要求されます。買い手の弁護士も、開示書類の精査やヒアリング結果を基に、法的な分析をしてレポートをまとめるため、深夜までの作業が続くことが珍しくありません。重大なリスクが見つかれば、破談（ディールブレイク）になることもあります。法務担当者や弁護士にとって、会社全体の法的問題点や契約書と取引実態の乖離などを理解する貴重な機会になります。

上場会社の場合には、一定割合以上取得するためには、公開買付け（TOB）によることが要求されます。公開買付けは金融商品取引法によって規制されていますので、詳しくは第Ⅵ章5節で説明します。

第三者割当ては、特定の第三者に新株を割当てて実施する増資のことです（第Ⅴ章3節(2)参照）。公開会社であれば、第三者に対する有利発行にあたらない限り、発行可能な株式総数（授権株式数）の範囲で、取締役会の決議だけで迅速に発行でき、買収者にとっては便利な方法です（非公開会社の場合は株主総会の特別決議が必要）。しかし、既存の株主から見れば、その決定に関与できず、自分の株式の価値が希薄化してしまうおそれがあります。そのため、支配株主の異動を伴う募集株式の発行等については、情報開示を充実させ、一〇分の一以上の議決権を保有する株主が反対した場合には、原則として株主総会の普通決議を要求することになります。また、大量の株式を発行する場合は、第三者割当ての適正を確保するため、証券取引所による規制が強化されています。

(3) 組織再編

組織再編の手法である、合併、会社分割、株式交換・株式移転、事業譲渡は、株式会社の事業の売却・買収や事業の再編・提携のM＆Aを行うための主要な法的手法です。これらの手法には、一定の要件を満たせば、株主総会の手続きが不要な簡易手続や略式手続が認められます。また、産業競争力強化法の認定を受けると、税制優遇、金融支援等の措置が得られます。ここでは、株式会社の典型である取締役会設置会社を前提に説明します。

① 合併

合併とは、二つ以上の会社が契約によって一つの会社に合体することをいいます。合併には、当事会社の一つが存続して他の消滅する会社を吸収する場合（吸収合併）と、当事会社のすべてが消滅して新しい会社を設立する場合（新設合併）があります。ここでは、よく利用される吸収合併について説明します。

合併の結果、消滅会社は解散により消滅します。しかし、消滅会社の財産は存続会社に包括的に承継され、消滅会社の株主は合併手続の中で対価の交付を受けるため、清算手続は不要です。

消滅会社の株主は、合併の対価として持株数に応じて存続会社の株式等の交付を受け、存続会社の株主となります。存続会社は、合併により消滅会社の権利義務を包括的に承継するため、個々の権利義務について個別の移転行為は不要です。

吸収合併の場合、消滅会社の株主に対して、存続会社等の株式を交付せず、金銭その他の財産を交付することも認められます。これは対価の柔軟化といい、吸収分割や株式交換の場合にも認められます。

対価の柔軟化により、三角合併、すなわち、存続会社が消滅会社の株主に対して、存続会社自身の株式ではなく、存続会社の親会社の株式を交付することが認められるようになりました。

合併の主な手続きの流れは、次の通りです。(a)当事会社は、法定事項を記載した合併契約を締結します。(b)各当事会社は、合併契約で定めた効力発生日の前日までに、原則として株主総会の特別決議による承認を得ます。なお、反対株主には、公正な価格での株式買取請求権が認められます。(c)各当事会社は、債権者に対して、一定事項を公告または催告する必要があります(債権者異議手続)。(d)合併の登記をします(吸収合併の場合は合併契約で定めた効力発生日に効力が発生する)。

② 会社分割

会社分割とは、会社がその事業に関して有する権利義務の全部または一部を法の定める手続きにより他の会社に移転することをいいます。会社分割には、分割する会社がその事業に関して有する権利義務の全部または一部を、既存の会社（承継会社）に承継させる吸収分割と、新しく会社を設立してかかる新設会社に承継させる新設分割があります。また、二社以上が、共同で分割会社となり新設分割を行う共同新設分割も可能です。

分割会社は、分割後も存続するため解散はしません。分割の結果、吸収分割の場合は、承継会社の財産が分割会社に交付され、分割会社が承継会社の株式を取得した場合には、承継会社の株主となります。新設分割の場合は、分割会社は新設会社の株主となります。

債務も原則として債権者の同意なくして免責的に、承継会社または新設会社に移転します。しかし、資産の移転には、第三者対抗要件の具備が必要となります。

会社分割の主な手続きの流れは、次の通りです。(a)当事会社は、吸収分割の場合は法定事項を記載した分割契約を締結し、新設分割の場合は分割計画を作成します。(b)各当事会社は分割契約・分割計画で定めた効力発生日の前日までに、原則として株主総会の特別決議による承認を得ます。なお、反対株主には、公正な価格での株式買取請求権が認められます。(c)各当事会社において、合併の場合と同様に、会社債権者異議手続を行います。(d)会社分割の登記をします。吸収分割の場合は分割契約で定めた効力発生日に、新設分割の場合は新設会社の成立日（設立登記日）に、効力が発生します。

経営不振企業が、債権者の利益を害する濫用的な会社分割を行った場合、詐害的会社分割における詐害された残存債権者は、承継会社に対する履行請求ができます。これは、会社分割の濫用による債務逃れに歯止めをかける制度であり、詐害行為取消権も救済手段としては併存します。

③ 株式交換・株式移転・株式交付

株式交換・株式移転とは、ある株式会社が他の株式会社の完全子会社となる取引のことをいいます。その完全親会社となる会社が既存の会社である場合を株式交換、新設会社である場合を株式移転といいます。二社以上が共同で株式移転を行う共同株式移転も可能です（経営統合の際に持株会社をつくるためによく使われる）。

株式交換・株式移転により、当事会社は、完全親子会社となるため、当事会社は消滅しません。各当事会社の株主が変動するだけなので、各当事会社の財産も変動しません。

株式交換・株式移転の主な手続きの流れは、次の通りです。(a)当事会社は、株式交換の場合は法定事項を記載した株式交換契約を締結し、株式移転の場合は株式移転計画を作成します。(b)各当事会社は、株式交換契約・株式移転計画で定めた効力発生日の前日までに、原則として株主総会の特別決議による承認を得ます。なお、反対株主には、公正な価格での株式買取請求権が認められます。(c)株式交換・株式移転の登記をします。株式交換の場合は株式交換契約で定めた効力発生日に、株式移転の場合は新設会社の成立日（設立登記日）に、効力が発生します。

株式交付は、株式交換と異なり、完全子会社化を予定していなくても、会社が他の会社を子会社化するために、その対価として自社の株式を他の会社の株主に交付できる制度です。株式交換と同様の手続きの流れで行われます。

④ **事業譲渡**

事業譲渡とは、一定の事業目的のために組織化され、有機的一体として機能する財産の全部または重要な一部を譲渡し、これによって譲渡会社がその財産によって営んでいた事業活動の全部または重要な一部を譲受人に受け継がせ、譲渡会社がその譲渡の限度に応じて法律上当然に競業避止義務を負う結果を伴うものをいいます。

事業譲渡は、合併や会社分割と異なり、事業に属する個々の財産については個別に移転手続を行う必要があります。また、免責的債務引き受けとするためには、債権者の承諾が必要となります。

譲渡会社においては、重要な財産の処分にあたる場合は取締役会決議が必要となります。また、事業の全部の譲渡および事業の重要な一部の譲渡の場合には、原則として、株主総会の特別決議が必要となります。実務上は、「事業譲渡」の意味よりも「事業の重要な一部」かどうかがよく問題になります。

一方で、譲受会社においては、重要な財産の譲り受けには取締役会決議が必要となります。また、事業の全部の譲り受けの場合には、原則として、株主総会の特別決議が必要となります。なお、いずれの会社においても、反対株主には公正な価格での株式買取請求権が認められます。詐害的な事業譲渡については、会社分割と同様の債権者保護の制度が設けられています。

(4) 組織変更

会社の組織変更とは、会社が法人格の同一性を保ちつつ別の類型の会社になることです。(a)株式会社から持分会社への組織変更と、(b)持分会社から株式会社への組織変更の二種類があります。合名会社・合資会社・合同会社間での変更は、持分会社の種類の変更にすぎないため、組織変更にはあたりません。

5――敵対的買収

(1) 敵対的買収とは

敵対的買収とは、経営陣の賛同を得ず、公開会社（ほとんどは上場会社）の支配権を取得することです。日本のM&Aは、ほとんどが友好的に行われていますが、敵対的買収も近年散見されるようになりました。M&Aは本来経営陣の賛同を得て友好的に行うほうが、手続きも円滑に進み、M&A後の統合・融合も成功する可能性が高くなります。

他方で、敵対的買収が適度に行われることにより、経営者が緊張感を持つようになる、無能な経営者が排除される、業界再編が進むなどのメリットもあります。経営者が保身のために反対しているだけで、他のステークホルダー（投資家、債権者、取引先、従業員などの利害関係者）は実は買収に賛成していることもあり得ます。

しかし、「濫用的買収者」による買収は、中・長期的に見て株主の利益にならない場合もあります。株主から経営の委任を受けている現経営陣は、自社の企業価値の向上に資さない敵対的な買収者に対しては、合理的な買収防衛策を発動することが許されます。その際の会社としての行動規範については、「企業買収における行動指針―企業価値の向上と株主利益の確保に向けて―」（経済産業省、二〇二三年八月三一日公表）が参考になります（この中で「敵対的買収」は「同意なき買収」に、「買収防衛策」は「買収への対応方針・対抗措置」に言い換えている）。

上場会社の経営権を取得するには、発行済み株式の過半数取得を目指すことになります。上場会社の買収を目指すなら、経営者の意思に関係なく自由に市場で株式を買い集めることができます。しかし、買い増すにつれて株価は上昇し、一般に浮動株はそれほど多くないため、市場での買付けだけで過半数を取得するのは困難です。そこで、一定程度買い集めた段階で、公開買付けあるいは委任状争奪戦を行うことになります。

⑵ 公開買付けと委任状争奪戦

買収者が市場外で三分の一を超えて株式を取得する場合は、公開買付けが強制されます。詳細については第Ⅵ章5節⑶で述べますが、公開買付けについては、金融商品取引法によって複雑な要件や手続きが規定されています。上場会社の株式の過半数を取得するためには、経営陣の賛同の有無にかかわらず公開買付けを経なければならず、経営権取得のためには避けて通れない手続きとなっています。

一定の株式を買い集めた後、株主総会で経営陣を交代させるためには、委任状争奪戦という選択肢もあります。この場合、買収者は、株主に委任状用紙を送付し、株主総会における議決権を自分に代理行使させるよう勧誘します。

上場会社における委任状勧誘には法律上の規制があり、委任状用紙の様式や参考書類の記載事項など、詳細な定めがあります。会社側も、買収者による委任状勧誘に対抗するために、会社提案の可決や買収者提案の否決を目的として委任状勧誘を行います。このような状況を、委任状争奪戦（プロキシーファイト）と呼んでいます。買収者と会社はそれぞれ、自分の意見を理解してもらうためにプレスリリースを出し、各株主に書面を送付するなどして、ＩＲ活動、すなわち株主や投資家に対する自発的な情報開示を行います。

委任状勧誘の手法は、公開買付けによる株式取得と違ってそれほどコストがかからないので、株主をうまく説得できる可能性がある場合、特に経営不振企業の経営陣退任を目的によく行われます。議決権の過半数の支持を委任状で集めれば、株主総会の普通決議を可決することができるため、取締役を入れ替えることも可能です。

公開買付け、委任状争奪戦とも、法律、ＩＲなど慎重な検討が必要となり、攻めるほうも守るほうも、双方が多くの専門家のアドバイスを受けながら総力戦・消耗戦を戦うことになります。

(3) 買収防衛策

敵対的買収に対する平時からの防衛策は、二〇〇五年以降導入が進み、二〇二三年現在全上場会社の約七％（約二七〇社）が導入しています。そのほとんどが事前警告型防衛策です。事前警告型防衛策は、大規模な株式買付けについては、会社があらかじめ定めた一定のルールに従うよう求め、従わない者には新株予約権の発行など法的に許される防衛策を発動することを警告するものです。買収者は、一定の株式を取得した場合（通常二〇％）、このルールに従って一定の期間（六〇～九〇日）に一定の情報（取得の目的、資金の裏づけ、買収後の経営方針・事業計画など）を会社に対して開示することなどが求められます。

この防衛策自体は敵対的買収を排除するものではありませんが、そのルールによって買収者についての情報を収集し、時間を稼ぐことができます。ルールを破った買収者に対して、第三者割当増資等の防衛策の発動が認められやすくなるという面はあるものの、ルールに従うよう強制することはできません。防衛策の発動については、第三者委員会を設けてその意見を聞き、取締役会が判断する仕組みが多くなっています。第三者委員会のメンバーには通常、社外監査役と弁護士や学者などの有識者が選任されます。近時は、買収防衛策の必要性や内容について見直す会社も増えてきています。

6―企業提携（アライアンス）

Ｍ＆Ａと似た取引手法として、企業提携（アライアンス）があります。オープンイノベーション（社外リソースを活用した革新的ビジネス）が進む中で、広く行われるようになっています。

企業提携とは、各当事者が資金、技術、設備、人材等の経営資産を共有し、既存事業の拡大や新規事業の立ち上げを目指すものです。大きく業務提携と資本提携に分類されます。技術提携、生産提携、販売提携などの業務提携ではビジネス上の契約関係が生まれ、資本提携においては相手方の株式を保有する資本関係が成立します。これら業務提携と資本提携を組み合わせた包括的提携（資本業務提携）もよくあります。Ｍ＆Ａと違って、経営支配権の取得には至らず、通常は一時的に大きな資金が必要ありません。

企業提携は、単発の取引に関する契約と違い、継続的なビジネス上の関係が生まれることになり、それに伴って、両当事者に長期間にわたって一定の権利義務が生じることになります。また、業務提携であれば契約を解除することによって関係は解消しますが、資本提携の場合は出資した会社の株式の買い取りや第三者への処分が必要になり、解消は簡単ではありません。それだけに、資本提携を結ぶことにより、より強い提携関係が生じたという印象を与えることになります。

なお、企業提携についても、特に競争関係に立つ事業者間においては、企業結合規制その他の独占禁止法上の規制に注意する必要があり、また、大企業からスタートアップ企業への不当な要求（知的財産権の無償提供など）も問題になっています（第Ⅵ章3節参照）。

(1) 技術提携

技術提携は、ライセンス契約、共同研究開発契約などの形で締結されます。ライセンス契約において許諾される権利は、特許、ノウハウなどの技術に関する知的財産権が中心で、商標、ブランドのライセンス、ソフトウエア、キャラクターなど著作権のライセンスなどが付随することもあります。許諾する知的財産権の保有者（ライセンサー）は、本来その権利について排他的な使用ができますが、ライセンスをすることによってその排他性を主張しないと約束し、許諾を受けた者（ライセンシー）は、契約条件の下で自由に利用できることになります。

契約内容としては、許諾する権利の内容と、その対価として支払われるロイヤルティ（ライセンス料）の規定が最も重要です。権利の内容は、知的財産権という無体財産であるため、その特定と無効事由や権利侵害があった場合の保証など、許諾の対象についてきめ細かな規定が必要になります。独占的ライセンスの場合はライセンシーにミニマムロイヤルティや競業避止義務が課されるのが一般的です。

また、特許化されて公知になった技術のライセンスであっても、ライセンシーが有効に活用できるよう、ライセンサーがノウハウや技術情報も提供するのが一般的であり、その範囲の特定や秘密保持が重要な交渉のポイントになります。ノウハウは一旦開示してしまうと価値がなくなり、事実上回収も困難になるので、その範囲や開示方法を慎重に検討すべきです。

共同研究開発契約においては、開発テーマ・目的の設定、当事者の役割分担、費用負担、進捗の管理、成果物の権利帰属・利用方法、第三者との共同研究開発の制限、終了時の効果などが問題になります。研究開発が成功した場合やしなかった場合を具体的に想定し、契約条項をきめ細かく規定しておくことが重要です。民間企業が大学等と共同研究開発を行う産学連携も増えています。

⑵ 生産提携

生産提携は、相手方に対し、生産の一部や製造工程の一部を委託することにより生産能力を補充するものです。多くのケースは民法上の請負か委任に当たりますが、実態に合わせた規定にすることが大切です。製造委託契約においては、製造する製品の仕様、品質レベル、原材料、製造数量・最低発注保証の有無、再委託の可否、対価などが重要になり、日常的な品質管理や欠陥が生じた時の責任などが問題となります。委託先が中小企業の場合には下請法の適用があり得るので、書面で契約内容をきちんと合意し、不当な製品の受領拒否、対価の減額や支払い遅延、不当な返品など委託者としての強い地位を濫用することがないよう注意する必要があります。

OEM契約は、一般的に受託者（メーカー）が、委託者（販売店）のブランド（商標）で販売する製品の製造を受託する契約のことです。OEMは、Original Equipment Manufacturing の略です。製造に加えて、企画、開発、設計等も委託する形態を、ODM（Original Design Manufacturing）といいます。いずれも、委託業務の内容や商標の利用態様を明確に規定することが重要です。

(3) 販売提携

販売提携とは、販売組織や顧客との関係の構築を自ら行うのではなく、相手方の有する販売チャネルやブランドなどの販売資源を活用するアライアンス形態です。大きく分けると、販売店契約と代理店契約があります。ブランド、ノウハウ等を提供し、加盟店からロイヤルティを受け取るフランチャイズ契約も販売提携の一種です。

① 販売店契約

販売店（ディストリビューター）は、自己の名前と計算で仕入れた対象商品を指定されたテリトリー内で再販売する者で、在庫リスクを負担します。販売店は、自ら顧客への販売価格を設定して高い利益を得ることができますが、販売できない場合はその損失を負担することになります。メーカーは、販売店の販売力に期待することになるので、販売促進に関する義務を負います。特に、独占的な販売店の場合は、最低購入数量や競合品取扱い避止について義務を負うのが一般的です。

② 代理店契約

代理店（エージェント）は、メーカーの名前と計算でテリトリー内で顧客と売買を行い、メーカーからその売買に応じた手数料を受け取る者で、在庫リスクは負いません。代理店契約においても、販売店契約における留意点と共通することが多いものの、次のような点で異なります。

- 売買の当事者はメーカーと顧客であるため、代理店の義務の範囲と限定的な役割を明確にすることが重要である
- 顧客との個別契約のフォーム、報告・連絡の方法、宣伝広告の方法など本人が代理店に対して細かく指定することが多い
- 代理店の利益は手数料収入である。手数料の決め方で代理店のインセンティブも異なる

⑷　資本提携

①　少数資本参加

資本提携のうち、他の企業提携との組み合わせで単に株式の持ち合いをするだけで経営に発言権を有しない場合を、一般に少数資本参加といいます。この場合は、出資先の株式を保有するだけで、株主間契約を結んで権利・義務について定めることはしません。原則として議決権割合が二〇％以上になると持分法適用会社となり、出資者の連結財務諸表に損益が反映されることになります。安定株主を増やすためや、財務状態の改善のために行われることもよくあります。

②　合弁会社

共同事業を行う独立した企業体を新たに作り、各出資者が経営にも一定の発言権を有する場合は、その出資先企業体を合弁会社（ジョイントベンチャー）といいます。合弁事業の場合、それ以外の企業提携に比べて、事業自体が合弁会社に移るためシナジー（相乗効果）は発揮されやすいものの、M＆Aに比べると当該事業に対するコントロールは制約されることになります。ベンチャー投資の場合も、似た状況が生じます。

合弁会社の運営や管理に関する契約を、合弁契約または株主間契約と呼びます。合弁契約には、合弁会社の組織構成、意思決定のプロセス（重要事項の拒否権）、合弁事業の解消の方法などについて詳細な規定が設けられます。また、それぞれの当事者が技術、人材、資本などの経営資源を提供し合うため、それぞれに関して合弁会社と各当事者との間で付随的な契約が結ばれるのが一般的です。デッドロック（合弁会社が一定期間意思決定できない状況）の場合や合弁事業がうまくいかない場合に、その対処方法や合弁事業を解消することを想定した規定を置く必要があります。

7―上場と上場廃止（非上場化）

(1) 上　場

株式の上場（ＩＰＯ）とは、自社の株式を、証券取引所の開設する証券市場において、流通（売買）の対象とすることをいいます（株式公開ともいう）。東京証券取引所はプライム、スタンダード、グロースに区分されています。会社が株式を上場させるメリットとしては、会社の知名度と社会的信用力の向上、資金調達の円滑化・多様化、社内管理体制の充実等が挙げられます。一方で、株式を上場させるデメリットとしては、情報開示等の義務の負担、敵対的買収のリスク、短期的な業績達成のプレッシャー等が挙げられます。会社は、これらのメリットとデメリットを総合的に考慮して、上場するか否かを決定します。

上場のための主な手続きは、次のとおりです。まず、主幹事証券会社、監査法人、弁護士等のサポートを受けて、上場基準を満たすための準備を行う必要があります（準備期間は三年前後）。具体的には、資本政策（株式上場後の株主構成、資金調達方法等の対応策の立案・実行）、組織の整備・機関設計、内部管理体制の整備（コンプライアンス体制・労務管理体制・定款その他諸規程の整備等）、関係会社との取引関係の整備、会計制度の整備などを行うことが必要です。

その後、上場を希望する者の申請に基づいて、証券取引所が上場の適否を判断するために、申請対象の株式および発行者について審査する上場審査が行われます。（審査期間は二〜三カ月）かかる上場審査は、投資家保護と公正円滑な取引の確保という観点から行われ、次の通りの形式要件と適格要件を満たして初めて上場の承認が与えられます。

形式要件としては、株主数、流通株式、時価総額、事業継続年数、純資産の額、利益の額または時価総額、合併等の実施の見込み、株式事務代行機関の設置、株式の譲渡制限、指定振替機関における取り扱い等があります。一方で、適格要件としては、企業の継続性・収益性、企業経営の健全性、企業のコーポレートガバナンス・内部管理体制の有効性、企業内容等の開示の適正性等があります。

上場の承認が与えられた場合、会社には、有価証券報告書等の法定開示、投資情報として重要な事実の適時開示等の情報開示、インサイダー取引防止への対応（第Ⅵ章5節において詳述）などを行う義務が生じます。

⑵ 上場廃止（非上場化）

上場廃止には、主に、上場契約違反・会社の倒産等、証券取引所が投資者保護の観点から上場継続が不適当であると判断して上場廃止にする場合と、上場している会社自体が上場のメリットが小さくなったと判断して、自主的に上場廃止の申請を行う場合（非上場化または非公開化）が挙げられます。

会社が自主的に上場廃止（非上場化）を決断する場合としては、経営不振に陥った会社が抜本的な経営改革を行うために非上場化する場合、企業が資本市場から退いてその社会的責任（CSR）にかかわる活動を徹底するために非上場化する場合、上場子会社を完全子会社化する場合、敵対的買収に対する防衛策として非上場化する場合などが挙げられます。

近年はマネジメント・バイアウト（MBO）、すなわち会社の経営陣が、株主兼経営者として会社の経営を行う目的で、かかる会社の株式を取得する際に、株式を非上場化する場合が見受けられます。しかし、これについては、取締役等と株主の利害が対立して利益相反状態となることと、取締役と株主との間に大きな情報格差があることが問題となるため、その解消措置が必要となるなど法的な議論が多いところです。経済産業省は、二〇〇七年九月にいわゆるMBO指針を公表して、利益相反性の回避・軽減措置を提示しています（二〇一九年六月に全面改訂し、「公正なM&Aの在り方に関する指針―企業価値の向上と株主利益の確保に向けて―」を策定）。

また、非上場化を実現するため、上場会社の買収にあたり、各株主に対して株式以外の対価（現金等）を交付することによって、その保有する株式の全部を強制的に取得するスクイーズ・アウト（キャッシュ・アウト）という手段が採用される場合があります。スクイーズ・アウトの手法としては、公開買付けの後に、特定株主による株式等売渡請求制度または株式併合を利用するのが一般的です。前者の制度においては、総株主の議決権の一〇分の九以上を保有する株主が、株主総会の決議を経ることなく、他の株主等にその保有株式等（新株予約権も含む）のすべての売渡しを請求することができます。

このように非上場化が二段階方式で行われ、二段階目の取引で少数株主が受け取る対価が公開買付価格より低く設定されることが予想されると、少数株主は公開買付けに応じるようプレッシャーを受けるおそれがあり、問題が生じます。非上場化の際に、反対株主により株式買取請求や取得価格の決定申立てが行われ、裁判で株式の「公正な価格」が争われるケースもあります。

COFFEE BREAK

スタートアップ企業と法務

ベンチャー企業やスタートアップ企業（以下「スタートアップ」という。）は、攻めと守りの両面で法律を活用することが、事業を急成長させることにつながります。

攻めの面では、スタートアップはこれまでにない新しい技術やサービスで勝負するため、それらに関する法的リスク、許認可の要否、知的財産権の取得などを検討したうえで、自社に有利なビジネスモデルを作り、それを強固にする契約を締結すべきです。そうすればライバル企業との競争において優位な立場に立てる可能性が高まります。

守りの面では、将来株式公開（IPO）や他社への売却（M&A）をする場合に、法律上の問題が表面化してとん挫しないようにする必要があります。実際に、資本政策の失敗や知的財産の侵害などの重大な問題が見つかることはよくあります。スタートアップは事業基盤が脆弱であるため、訴訟で戦うだけの時間も費用もないケースが多く、紛争にならないようにすることが重要です。

設立当初は資金不足のため、法務担当者を置く余裕はなく、外部の弁護士のサポートも受けないまま事業を展開してしまうことがよくあります。しかし、会社の組織や事業を作る最初の段階においてこそ積極的にリーガルアドバイスを受け、適法で信頼される会社にしていくことが重要です。弁護士や法務担当者は、紛争になったときにだけ相談するものではなく、適法で強いビジネスを作るため、あらかじめトラブルを回避するためにも相談するものです。

今後スタートアップは、国内市場だけで勝負することは難しく、海外展開に備えて法的武装をすることが重要となります。多くのスタートアップは、海外展開をするに際し法的な検討をほとんどしておらず、武装集団に素手で突撃しているような大変危険な状態にあります。

Ⅳ　人事・労務に関する法律

1——採用と採用内定

(1) 採用の自由

使用者と労働者の関係は、採用過程から始まります。使用者は原則として採用の自由を有しており、いかなる者を、いかなる条件で雇うかについて、原則として自由に決定できるものとされています。もっとも、完全に自由というわけではなく、例えば、男女雇用機会均等法の定める募集・採用における男女への均等な機会の付与義務や、障害者雇用促進法の定める一定の障害者雇用義務などに服します。そのため、採用の際には、こうした諸法令に違反していないかについて注意する必要があります。また、社会的差別の原因となる事項、思想・信条にかかわる事項、適性や資質に関係のない事項について質問または情報収集してはなりません。

(2) 労働条件の明示義務

採用面接を経て採用を決定し、労働契約を締結する際に、気をつけなければならないのが労働条件の明示義務です。使用者は、労働契約締結の際に、契約期間、有期労働契約の場合の更新基準、就業場所および業務内容、就業時間、賃金、昇給、退職に関する事項等、一定の労働条件に関する事項を労働者に対して明示しなければなりません。明示対象となる事項のうち、特にここで例示した各事項については、書面の交付による明示が義務づけられており、事実と異なるものとしてはなりません。この書面の交付は、原則として、当該事項を記載した労働契約書、労働条件通知書、就業規則等を交付する方法で行われます。なお、二〇二四年四月以降は、就業場所・業務の変更の範囲や、有期労働契約の更新上限の有無・内容、無期転換申込の機会、無期転換後の労働条件が明示義務に追加されます。

(3) 採用内定の法律関係

一般的な採用過程では、採用面接を経て、採用予定者に対して採用内定通知書を送付することにより、いわゆる「採用内定」と呼ばれる関係が生じます。入社前であるからといって、使用者は自由に採用内定を取り消すことができるわけではありません。

すなわち、法律上、一般的に「採用内定」とは、始期付解約権留保付労働契約の締結であると解されており、内定取消とは、この労働契約の留保解約権の行使と整理することができます。この内定取消の適法性について、裁判所は「採用内定の取消事由は、採用内定当時知ることができず、また知ることが期待できないような事実であって、これを理由として採用内定を取り消すことが解約権留保の趣旨、目的に照らして客観的に合理的と認められ社会通念上相当と是認することができるものに限られる」と判示しています。そのため、たとえ採用内定時に定められた内定取消事由が発生したとしても、内定を取り消すにあたって、使用者は当該内定取消事由が前述の要件を満たしているか否かを慎重に検討しなければなりません。

2―労働条件の決定・変更のルール

⑴ 労働条件の定め

使用者は、労働者を使用するに際し、労働条件を定めなくてはなりません。労働者に当たるか否かは、使用者との間に使用従属関係があるかどうか（仕事の依頼に対する諾否の自由、勤務時間・場所の拘束、使用者の指揮権、報酬の労働対価性の有無など）によって判断されます。アルバイト、パートタイマー、日雇労働者、不法就労外国人なども労働者に当たりますが、業務委託によるフリーランスやクラウドワーカーは含みません。労働者性は、契約形態ではなく、実態に即して総合的に判断されます。

労働条件とは労働契約の内容ですから、使用者と労働者との合意によって定められることが原則です。しかし、多数の労働者を使用する企業においては、労働条件を公平・統一的に設定する必要があり、個別の労働契約により労働条件を設定していくことにも限界があります。そこで、労働契約法は、(a)就業規則が合理的な労働条件を定めていること、(b)就業規則を労働者に周知させていること、を要件として、各労働者が使用者の定めた就業規則記載の労働条件に服することを定めています。したがって、個別の労働契約に定めがなくても、当該要件を満たした就業規則に定められた労働条件であれば、労働者は当該条件に拘束されることになります。

労働基準法で定める基準に達しない労働条件を定める労働契約はその部分について無効となります。労働条件に関する主な規制としては、(a)均等待遇（国籍、信条、社会的身分による差別の禁止）、(b)損害賠償額の予定の禁止、(c)前借金相殺の禁止、(d)強制貯金の禁止があります。使用者は、労働契約において、労働者に対する安全配慮義務（労働者がその生命、身体等の安全を確保しつつ労働することができるよう、必要な配慮をする義務）を負います。

(2) 就業規則の作成・届出・周知義務

常時一〇人以上の労働者を使用する使用者は、一定の労働条件を記載した就業規則を作成し、これを所轄の労働基準監督署長に届け出なければなりません。また、就業規則の作成にあたって、使用者は、(a)労働者の過半数で組織する労働組合がある場合においてはその労働組合（以下「過半数組合」という）、(b)これがない場合には労働者の過半数を代表する者（以下「過半数代表者」という）の意見を聞かなければならず、また、届出にあたっては、当該意見を記載した書面を添付しなければならないものとされています。さらに、使用者は、就業規則を常時各作業場の見やすい場所に掲示、備え付ける等の方法によって、労働者に周知させることを義務づけられています。なお、以上のルールは事業場単位で課せられるものですので、複数の事業場を有する使用者は、事業場ごとに就業規則の作成・届出・周知を行う必要があることに注意が必要です。

(3) 労働条件の不利益変更

経営状況の変化等に伴って、労働条件を変更する必要が生じることは往々にしてありますが、ここで問題となるのは、賃金の引き下げなどの労働者に不利な労働条件の変更を、使用者が一方的に就業規則の変更によって行うことができるか、という点です。

この点について、労働契約法は、原則として労働者の合意なく就業規則の変更によって労働条件を不利益に変更することは認められないとしつつ、(a)変更後の就業規則を労働者に周知させ、かつ、(b)就業規則の変更が労働者の受ける不利益の程度、労働条件の変更の必要性、変更後の就業規則の内容の相当性、労働組合等との交渉の状況その他の就業規則の変更に係る事情に照らして合理的なものである時には、使用者が一方的に就業規則を変更して、労働条件を不利益に変更することも認められるものとしています。そのため、使用者は、労働条件を労働者の不利益に変更したい場合、これらの考慮要素を斟酌（しんしゃく）して、当該不利益変更が合理的なものであるか否かを慎重に吟味した上で、その変更の是非や内容を決定する必要があります。

(4) 同一労働同一賃金（非正規社員と正規社員の格差解消）

「働き方改革を推進するための関係法律の整備に関する法律」（以下、「働き方改革法」という）により、短時間・有期雇用労働者及び派遣労働者に対する不合理な待遇の禁止等が定められました。同一労働同一賃金ガイドラインには、基本給、昇給、ボーナス（賞与）、各種手当といった賃金にとどまらず、教育訓練や福利厚生等についても不合理な待遇差に関する原則となる考え方が示されています。このため、各社の労使により、二〇二〇年一〇月の最高裁判決等も参考にしながら、個別具体の事情に応じて待遇の体系について議論していくことが望ましいでしょう。正規社員と非正規社員との間で職務の内容等を分離した場合であっても、両者の間の不合理な待遇差の解消が求められます。

(5) 男女の雇用機会均等

男女雇用機会均等法により、「事業主が職場における妊娠、出産等に関する言動に起因する問題に関して雇用管理上講ずべき措置等についての指針」に従い、使用者は従業員に対し、妊娠・出産・育児休業・介護休業等を理由として、解雇その他不利益な取り扱いをしてはなりません。これらを理由とする就業環境を害する行為がされないようにハラスメント防止措置を適切に講じる必要があります。近年は、低水準ではあるものの男性の育児休暇取得率は上昇傾向にあります。労働者が性別により差別されることなく、その能力を十分に発揮できる雇用環境を整備することは企業の重要な責務です。

(6) 兼業、副業、テレワーク

働き方改革の流れの中で、近年兼業・副業を認める企業も増えていますが、まだ多くの企業は就業規則で禁止しています。しかし、企業が兼業・副業を禁止できるのは、次のような例外的な場合に限られています。

(a)本業に明らかな支障のある場合
(b)本業と競合関係になる場合や秘密が漏洩する場合
(c)本業の信用を失墜させる可能性がある場合

また、コロナ禍やデジタル化の影響でテレワークが広がるにつれ、労働時間の把握、人事評価、安全衛生管理、労働災害などにおいて事業所での勤務との違いが問題になり、就業規則の見直しが必要になっています。労働時間の把握が難しい勤務形態の場合は、裁量労働制や事業場外みなし労働時間制の採用も検討しましょう。

3—労働時間・休日

(1) 労働時間・休日の原則

使用者は、原則として一日八時間、一週四〇時間（いずれも休憩時間を除く）を超えて労働者を働かせてはならず(法定労働時間)、一日の労働時間が六時間を超える場合には四五分以上、八時間を超える場合には一時間以上の休憩を、労働時間の途中に、原則として一斉に与えなければなりません。また、使用者は、労働者に対して、週一回以上の休日を与えることを義務づけられています（法定休日）。

(2) 三六協定と時間外・休日労働

使用者は、(a)過半数組合、または、(b)過半数組合がない場合には過半数代表者との間で、書面による労使協定（労働基準法三六条に定める労使協定であることから、通称三六［サブロク］協定と呼ばれる）を締結し、かつ、これを所轄の労働基準監督署長に届け出ることにより、法定労働時間・法定休日の規制を超えて労働者を働かせること（以下、それぞれ「時間外労働」「休日労働」という）ができます。

ただし、三六協定においては、時間外労働・休日労働の限度を記載することとされており、当該記載の限度を超えて労働させることは依然として許されません。また、働き方改革法によって、法律上、三六協定で定めることのできる時間外労働の上限は、原則として月四五時間・年三六〇時間となり、臨時で特別な事情がある場合でも年七二〇時間、単月一〇〇時間未満（休日労働含む）、複数月平均八〇時間（休日労働を含む。六カ月が上限）が限度となる等、労働時間に関する制度の見直しがされています（一部適用除外・猶予となる事業・業務あり）。したがって、三六協定の締結・届出を行っているとしても、使用者は、三六協定の定める上限を超えた就労の実態が発生しないよう注意する必要があります。

なお、三六協定の締結・届出の効力は罰則の適用の免除にとどまるものなので、三六協定が存在するとしても、それによって当然に労働者に時間外労働義務・休日労働義務が発生するというわけではありません。労働者に対して時間外労働・休日労働を命じるためには、別途、就業規則等によってその旨定め、労働契約上、労働者が時間外労働義務・休日労働義務を負うこと（使用者が時間外労働命令権、休日労働命令権を有すること）を定めておく必要があります。

(3) 弾力的な労働時間制度

前述のような労働時間、休憩、休日に関する制度は原則的な基準ですが、労働基準法は、就労形態や労働実態の多様化に伴う各企業のニーズに応えるため、例外的に、左記のような弾力的・柔軟な労働時間制度を設けています。

(a) 変形労働時間制（交替制勤務の場合や、季節等によって業務に繁閑の差がある場合、一定期間を平均して、法定労働時間の範囲内であれば、一日八時間、週四〇時間を超えて労働させることができる）

(b) フレックスタイム制（協定した労働時間の範囲内で、始業・終業時刻を労働者にゆだねる場合、一定期間の総労働時間を労使協定で定めれば、始業・終業時刻を労働者の自由にできる）

(c) みなし労働時間制（労働時間と成果・業績が必ずしも連動しない職種において適用され、あらかじめ労使間で定めた時間分を労働時間とみなして賃金を払う形態である。事業場外みなし労働時間制や専門業務型と企画業務型の裁量労働制がある）

(d) 高度プロフェッショナル制度（高度な専門知識や技能を必要とする特定の業務を対象に、労働基準法の定める労働時間や休憩、割増賃金、残業代に関する規定の適用を除外する制度）

より適切な労働時間制度を策定するためには、これらの弾力的・柔軟な労働時間制度の内容を適切に把握し、自社の個性・ニーズに応じて、こうした制度の導入についても検討する必要があります。もっとも、各種制度の導入のためにはそれぞれ諸種の要件（労使協定の締結や適用対象業務の限定等）が存在しますので、こうした要件を欠いたまま制度導入を行うことがないよう、専門家や労働基準監督署に相談するなどして、適切な制度設計を行っていく必要があります。

⑷ 年次有給休暇

休日にかかわる労働条件に関しては、年次有給休暇（以下「年休」という）も重要です。年休とは、労働者が賃金の支払いを受けながら就労義務を免れることができる制度であり、賃金請求権が発生する点で通常の休日とは区別されます。

労働者は、(a)雇い入れの日から起算して六カ月間継続勤務し、(b)全労働日の八割以上出勤した場合に、一〇日間の年休を取得します。また、その後も「全労働日の八割以上の出勤」を満たした勤務を継続すれば、さらに一年ごとに毎年年休を取得することができ、毎年、取得年休の日数は増加していきます(最大で二〇日)。年休は一日を単位とすることが原則ですが、労使協定の締結を要件として、一定の限度で時間単位の年休取得も認められます。

働き方改革法により、全ての企業において、年一〇日以上の年次有給休暇が付与される労働者

（管理監督者や有期雇用労働者含む）に対して、年次有給休暇の日数のうち年五日については、使用者が時季を指定して取得させることが義務づけられました。

使用者は、時季指定にあたっては、労働者の意見を聴取し、できる限り労働者の希望に沿った取得時季になるよう、聴取した意見を尊重するよう努めなければなりません。例外的に、当該時季に年休を取得することが「事業の正常な運営を妨げる場合」にはこれを拒み、別の時季に変更することができます。もっとも、「事業の正常な運営を妨げる場合」に該当する場合といえるためには、指定した日における当該労働者の労働が当該業務運営に不可欠なものであり、かつ、代替要員の確保が困難な場合であることが必要であり、使用者が代替要員の確保の努力もせずに当該指定日に年休を与えないことは許されません。

また、育児・介護休業法は、一定の条件を満たした労働者の申出により、養育や介護のため一定期間休業することができる制度も設けられています。

4―賃　金

(1) 賃金の発生

労働契約において使用者が負う義務の中でも最も重要なものが、賃金の支払義務です。賃金は労働の対価として支払われるものであることから、労働者が労務を提供して初めて使用者に賃金支払義務が発生するものとされています(ノーワーク・ノーペイの原則)。もっとも、使用者の責めに帰すべき事由により労働者が労働義務を履行できない場合には、たとえ労務の提供がないとしても、賃金支払義務が発生します。

(2) 賃金に関する法規制

労働基準法二四条各項は、賃金が労働者の生活の根幹にかかわるものであることから、賃金支払いにかかる原則として、(a)通貨払いの原則(労働者の同意があればデジタル払いも可能)、(b)全額払いの原則、(c)直接払いの原則、(d)定期日払いの原則(毎月一回以上、一定の期日に支払う)を定めており、使用者はこれら各原則を遵守して賃金支払いを行わなければなりません。

また、賃金の額にかかる法規制としては、最低賃金法が存在し、たとえ労働者の同意が存在するとしても、賃金額は同法の定める最低賃金額を下回ることはできません。

(3) 時間外・休日・深夜労働の割増賃金

3節(2)で述べた通り、使用者は、三六協定を締結することにより、労働者に対し時間外・休日労働を適法に行わせることが可能となりますが、その時間またはその休日の労働につき、通常の労働時間または労働日の賃金の計算額に対して、時間外労働については二五％以上、休日労働については三五％以上の割増率で計算された割増賃金を支払わなければなりません。さらに、時間外労働が月六〇時間を超えた場合には、その超えた時間の労働についての割増賃金率は五〇％以上とされています。

また、深夜労働（午後一〇時から午前五時まで）についても、二五％以上の割増率で計算された割増賃金額の支払いが必要となります。この点、時間外労働と深夜労働が重複する場合には、割増率は五〇％以上（当該時間外労働時間が月六〇時間を超えるものである場合には、七五％以上）、休日労働と深夜労働が重複する場合には、割増率は六〇％以上となります。

(4) いわゆる「名ばかり管理職」問題

労働基準法は、「監督もしくは管理の地位にある者」（管理監督者）に対しては、労働時間、休憩および休日に関する規定が適用されないものと定めています。そのため、使用者は、この管理監督者に対しては時間外労働・休日労働にかかる割増賃金（いわゆる残業代）を支払う必要はありません。しかし、深夜労働に関する割増部分（二五％部分）の支払義務は生じることには注意が必要です。

誤解されがちですが、ある労働者が社内で「管理職」と呼ばれる職に就いていることと、当該労働者が労働基準法上残業代の支給対象とならない「管理監督者」であることは必ずしも一致しません。管理職と呼ばれる役職に就き残業代の支給を受けていないとしても、その職務内容、責任と権限、勤務態様等の実態に照らして、当該労働者が「労働条件の決定その他労務管理について経営者と一体的な立場にある者」と認められない場合には、当該労働者は管理監督者に該当せず、使用者は、残業代を支払う義務を負っている（未払残業代が発生している）ことになります。

フランチャイズチェーンの店長の管理監督者該当性が否定されたことなどにより、いわゆる名ばかり管理職の問題も広く知られるようになりましたが、未だこの問題は業種にかかわらず数多くの企業に内在していると考えられます。そのため、管理監督者の取り扱いについては、管理監督者の範囲に関する裁判例や行政通達に照らし、慎重に検討した上でこれを定めることが重要です。

⑸ サービス残業

時間外労働が発生している以上、使用者は残業代を支払わなくてはなりません。しかし、残業代を支払わずに時間外労働を行わせているケース（いわゆるサービス残業）がしばしば見られます。一概にサービス残業といっても、使用者が意図的に行わせている場合から、労働者が自発的に行っている場合まで、その態様はさまざまです。もっとも、労働者が自発的に残業代を請求しないからといって、使用者がこれを支払わないことが許されるわけではありません。従来、賃料債権の消滅時効期間については二年でしたが、二〇二〇年四月一日に改正民法が施行され、当分の間三年へと延長されることになりました（なお、退職手当については五年のまま）。

労働者から未払残業代を請求されなくとも、労働基準監督署が調査に入り、未払残業代を支払うよう是正指導が行われることがあります。企業としては、未払残業代が発生しないように適正に労働時間管理を行う必要があります。労働時間管理の適正な運用については、厚生労働省が「労働時間の適正な把握のために使用者が講ずべき措置に関する基準」において企業が講ずべき労働時間管理の方法の基準を定めています。原則的な考え方としては、労働者による自己申告ではなく、使用者が、タイムカード等の客観的な資料をもとに、労働者の労働の実態を直接確認してこれを記録することが求められます。

5―配転・出向・転籍

(1) 配転

企業においては、業務上のニーズに応じて効率的な企業運営を図り、また、計画的な人材育成を行うために、適材適所で労働者を各部署、各部門に配置していくことも重要な業務です。ここで問題となるのが、労働者の配置の変更、いわゆる配転です（一般的に、同一事業所内の配転は「配置転換」、勤務地の変更を伴う配転は「転勤」と呼ばれる)。

使用者が契約上の定めなく一方的に配転を命ずることができるかについてはさまざまな議論がありますが、通常の企業は、就業規則において「業務上の必要のあるときは配転を命ずることがある」といった定めを置いていますので、そうした場合には、当該条項を契約上の根拠として、使用者に配転命令権が認められることになります。

もっとも、就業規則により使用者の配転命令権が定められているとしても、職種・勤務地限定の合意がある場合、すなわち、労働契約上一定の職種や勤務地において働くことが限定的に合意されている場合には、当該職種や勤務地の変更を伴う配転命令は認められません。

また、裁判例は、(a)業務上の必要性がないとき、(b)不当な動機・目的をもってなされたものであるとき、(c)労働者に通常甘受すべき程度を超えた不利益を負わせるとき等の特段の事情がある場合には、当該配転命令は権利濫用として無効であるとしていますので、一方的な配転命令を行うにあたっては、これらに該当する場合でないかどうか十分に吟味する必要があります。

(2) 出 向

出向とは、出向元企業に籍を置いたまま(労働契約関係を残したまま)、別法人である出向先企業において指揮命令関係に服して労働することをいいます。出向はさまざまな目的で行われますが、特に近時においては、グループ企業間における人材交流などグループ企業経営における積極的な人事戦略として重要な意義を有しています。

使用者は、配転と同様に労働者からの個別の同意があれば出向を命じることができますので、労働者を出向させるにあたって、まずは同意を得るように努めるべきです。ただし、労働者の同意が得られない場合においては、出向は労務提供先が別法人に変更されるという点で配転に比して労働者に与える影響が大きいことから、配転で述べたような就業規則の包括的な条項があるからといって、使用者が一方的に出向命令を行うことはできないと解するのが一般的です。

(3) 転　籍

転籍とは、従来の使用者との労働契約関係を終了させ、新たな使用者との間で労働契約関係に入り、その退職と採用が法的な関連性を持ち、同時に行われることをいいます。これについては、必ず労働者からの同意が必要となります。

6—昇進・昇格・降格

昇進とは、役職（部長、課長、係長等）を上昇させることをいい、昇格とは、職能資格制度等において資格を上昇させることをいいます。この昇進、昇格は、労働者にとって不利益を与えるものではないため、それ自体について法律上の問題が生じるということは基本的にありません。もっとも、「昇進、昇格させないこと」が、不当な差別に基づくものであるような場合や、使用者の裁量の範囲を逸脱して適切な人事考課を怠ったことに基づくものであるような場合には、不法行為が成立し得るものとされています。

これに対し、降格とは、役職の降下（昇進の反対としての降格）、または、職能資格制度等における資格の降下（昇格の反対としての降格）を意味しますが、いずれも労働者に不利益をもたらすものです。昇進の反対としての降格については、特に就業規則等労働契約上の根拠がなくとも、人事権の行使として使用者の裁量的判断の下で行い得るものである一方で、昇格の反対としての降格は、就業規則等労働契約上の根拠がなければ行えないものとされています。なお、いずれの降格も、不利益の程度や業務の必要性等の諸事情を考慮して、人事権の濫用であると認められる場合には違法となると解されています。

7―セクハラ・パワハラの防止

男女雇用機会均等法の改正により、セクハラ防止対策が強化されました。職場におけるセクハラとは、(a)労働者の意に反する性的な言動が行われ、それを拒否したことで解雇、降格、減給などの不利益を受けること(対価型セクシュアルハラスメント)、(b)性的な言動が行われることで職場の環境が不快なものとなったため、労働者の能力の発揮に大きな悪影響が生じること(環境型セクシュアルハラスメント)をいいます。男性も女性も行為者にも被害者にもなり得るほか、異性に対するものだけではなく、同性に対するものも該当します。

また、労働施策総合推進法(パワハラ防止法)により、企業におけるパワハラ対策が事業主の義務になりました。これまで曖昧だったパワハラの定義が明確化し、厚生労働省が告示した「職場におけるハラスメント関係指針」によると、(a)優越的な関係を背景とした言動であって、(b)業務上必要かつ相当な範囲を超えたものにより、(c)労働者の就業環境が害されるもの、これら三つのすべての条件がそろった場合、パワハラとみなされます。

事業主には、相談体制の整備が求められ、方針等の明確化と周知、セクハラ・パワハラに係る事後の迅速かつ適切な対応のほか、相談者や行為者のプライバシーの保護の徹底、相談者に解雇

COFFEE BREAK

ハラスメントと企業の責任

ハラスメントとは、相手の意に反する行為によって不快な感情を抱かせることです。近時は、セクハラ・パワハラ以外にも、モラハラ、マタハラ、アルハラなど多種多様な種類があります。職場のハラスメントは、企業のイメージダウンや、従業員のモチベーション低下、被害者に対する損害賠償義務の発生等の悪影響を生じさせるものであり、その対策は重要な課題の一つです。

ハラスメントかどうかの線引きは難しい問題です。被害者が不快と感じただけ（主観だけ）では足りず、一定の客観性が必要です。また、女性から男性、同性間でのセクハラや、部下から上司へのパワハラもあり得ます。企業がハラスメント防止措置を講じる義務の対象となる「職場」には、取引先との打ち合わせのための飲食店や顧客の自宅等の外部の業務遂行場所も含まれます。性や仕事に対する個人の価値観により、ハラスメントについての考え方、捉え方も様々です。まずは経営者、法務・コンプライアンス担当者、人事担当者が正しく法的な理解をした上で、従業員に対する研修においては、具体例を示してイメージを認識・共有させることが肝要です。

ハラスメントが生じた場合は、被害者救済を第一に考え、二次被害を生じさせないように配慮すべきです。その上で、迅速・適切な事実調査を行い、加害者の言い分も聞いて、被害者と加害者の引き離し、加害者への処罰等の適正な措置を行う必要があります。今後、ハラスメントが生じないように再発防止策の検討も求められます。

といった不利益な扱いをしないことなどが求められます。法律上、行政当局の勧告を受けてもセクハラ・パワハラ防止措置を講じない企業はその旨を公表されることも定められています。

8―休 職

休職制度とは、一般的には、一定の事由により労働者が労務に従事することが不可能または不適当な場合に、使用者が労働契約を維持しつつ、労働者の就労義務を免除することをいい、代表的な休職制度としては、私傷病休職制度、事故欠勤休職制度が挙げられます。私傷病休職制度・事故欠勤休職制度は、まずは使用者が休職命令を発し、当該労働者が休職期間中に治癒すれば復職となり、治癒しないまま休職期間が満了すれば、解雇あるいは当然退職という形で定められるのが一般的です。ただし、個々の企業ごとにさまざまな制度設計が行われており、例えば休職期間中の賃金支払いや勤続年数への算入の可否などについても、各企業の取り扱いによって異なります。休職期間満了による解雇や当然退職については、実務上「治癒」の有無や、従前とは異なる業務での復職の可否が争いとなります。

近時、労働者のメンタルヘルス疾患の増加に伴い、メンタルヘルス対策が企業の重要な課題として認識されるに至っています。メンタルヘルス疾患により就労が不能ないし不適当である労働者に対しても、この私傷病休職制度による対処を図ることになります。しかし、メンタルヘルスにおいては「治癒」の判断が非常に困難であり、復職させた結果病状が悪化する場合なども想定されることから、その対処は容易ではありません。

そのため、健康リスクが高い状況にある労働者を見逃さないよう、「産業医・産業保健機能」と「長時間労働者に対する面接指導等」を強化し、労働者からの健康相談に応じ産業医や医師の面接指導が確実に実施されるように必要な体制の整備や措置を講じるよう努めなければなりません。また、労働安全衛生法により、常時使用する労働者数が五〇人以上の事業所においてストレスチェックが義務づけられています。

9—懲　戒

企業においては、服務規律・企業秩序を維持していく必要があり、そのための制裁として、服務規律・企業秩序違反行為を行った労働者に対して課す労働関係上の不利益措置を、懲戒といいます。懲戒処分の種類としては、戒告、譴責、減給、出勤停止、降格、諭旨解雇、懲戒解雇が挙げられます。使用者が懲戒処分を行うためには、就業規則にその事由と手段を明記しなければならず、通常、就業規則においては懲戒事由とこれに対する懲戒処分の内容が具体的に列挙されています。

また、就業規則上懲戒事由に当たる場合であっても、労働契約法は、「当該懲戒が、当該懲戒にかかる労働者の行為の性質及び態様その他の事情に照らして、客観的に合理的理由を欠き、社会通念上相当であると認められない場合」には、当該懲戒は権利濫用として無効となるものと定めています。懲戒処分は労働者に弁明の機会を与え、適正に行うことが重要です。

最も重い処分は懲戒解雇であり、予告手当なしに即日懲戒解雇する場合は、「労働者の責に帰すべき事由」があることにつき労働基準監督署の除外認定を受ける必要があります。退職金を不支給にするためには、就業規則に不支給の規定があり、退職者に著しい背信行為があったことが条件となります。懲戒解雇は重大な背信行為があった時に選択されますが、労働者から有効性を争われることも多いため、諸事情を考慮して自主退職扱いの諭旨解雇とすることもあります。

10―労働契約関係の終了

(1) 終了事由

労働契約関係の終了事由としては、合意解約、辞職（労働者による労働契約の解約）、解雇（使用者からの労働契約の解約）、定年退職、有期労働契約における期間満了、労働者の死亡、使用者の死亡（個人の場合）または解散（法人の場合）等が挙げられます。以下では、そのうち、解雇、有期雇用の期間満了による退職に関する法律関係について、簡単に触れたいと思います。

⑵ 解　雇（使用者による労働契約の一方的解約）

期間の定めのある労働契約については、使用者は「やむを得ない事由」がない限りこれを期間中に一方的に解約することはできません。

これに対し、期間の定めのない労働契約については、民法の原則では当事者はいつでもこれを解約することが可能であり、解約申し入れから二週間経過時に労働契約は終了するものと定められています。ただし、使用者による一方的な労働契約の解約については、労働基準法および労働契約法はこれを「解雇」と称し、労働者保護の観点から一定の制限を定めています。

具体的には、まず、労働基準法により、使用者は、三〇日以上前に解雇予告を行うか、もしくは、三〇日分以上の平均賃金（解雇予告手当）を支払わなければ、労働者を解雇することはできません。この解雇予告義務に反してなされた解雇の効力について、裁判例は、使用者が即時解雇を固執する趣旨でない限り、解雇通知後三〇日の経過か、解雇通知後における解雇予告手当の支払いにより、そのいずれかのときから解雇の効力が発生するものとしています（但し、刑事罰や付加金のリスクがある）。また、労働基準法は、産前産後の休業中の解雇や、業務上災害による療養中の解雇は禁止しています。

解雇にまつわる法律問題の中で最も重要なのは、解雇権の濫用法理です。解雇権の濫用法理は、これまでの長い裁判例の歴史の中で形成されてきたものですが、労働契約法はこれを法文化し、「客観的に合理的な理由を欠き、社会通念上相当であると認められない場合」には、解雇は権利濫用として無効となる旨を定めています。この「客観的に合理的な理由」は、(a)労働能力の喪失、適格性・協調性の欠如、(b)労働者の規律違反行為、(c)経営上の必要性、(d)ユニオン・ショップ協定に基づく組合の解雇要求に類型化することができると言われています。もっとも、裁判例は、(a)や(b)のように労働者に帰責性が認められるような場合でも厳格に当該要件を審査し、容易には解雇を有効と認めない傾向にあります。

この点、前記の(c)経営上の必要性に基づく解雇の典型例は、いわゆる整理解雇（経営上の必要性による人員整理としての解雇）ですが、この整理解雇は労働者に帰責性のない解雇であることから、裁判所もより厳格に解雇権濫用法理の判断を行い、これまでの整理解雇に関する裁判例の積み重ねの中で、次の四つの要素を整理解雇の有効性判断の主要な要素とするという判断基準を形成してきました。

(a)人員削減の必要性（経営不振等による人員削減措置を取らざるを得ないような高度の経営上の必要性が存在するか）

(b)解雇回避努力（配転、出向、一時的な休職、希望退職者の募集等、できる限り解雇によらな

い他の手段での解決を図る努力を尽くしたか）

(c)被解雇者選定の合理性（被解雇者を選定する基準が客観的・合理的であるか、当該基準を公平に適用しているか）

(d)手続きの妥当性（組合や労働者代表者との間で整理解雇について十分に説明し、誠実に協議してきたか）

したがって、使用者は、経営上の人員削減の必要性が非常に高いとしても、それだけで直ちに整理解雇を適法に行い得るというわけではなく、解雇以外の手段はないか、解雇対象者の選別は適切なものかを誠実に検討し、労働者とも十分に協議をするようにしなければなりません。

(3) 有期労働契約の無期転換ルールと雇止め法理

有期労働契約は、契約締結時に、更新の有無、更新の判断基準を明示する必要があり、そこに定められた期間の満了により終了します。そのため、有期労働契約の期間が満了すれば、労働者は当然に退職することになります。これが、有期労働契約の期間満了における原則です。

しかし、労働契約法は、労働者保護のために上記原則の例外となる(a)有期労働契約の無期転換ルール、(b)雇止め法理による更新拒絶の制限という二つの制限を定めています。

一つ目の(a)有期労働契約の無期転換ルールとは、同一の使用者との間で有期労働契約が通算で五年を超えて反復更新された場合、当該労働者が申込みをすれば、その有期労働契約が無期労働契約に転換するというルールです。この申込みによって無期労働契約に転換した場合、もはや有期労働契約ではありませんので、使用者は期間満了を理由として当該労働者を退職扱いとすることはできません。

また、有期労働契約が五年を超えて反復更新されていない場合であっても、(b)雇止め法理により、有期労働契約の期間満了時の更新拒絶（雇止め）が認められない場合があります。これは、具体的には、有期労働契約であっても、それが過去に反復更新されたものでありその雇止めが無期労働契約の解雇と社会通念上同視できる場合、または、労働者において有期労働契約の契約期間の満了時に当該有期労働契約が更新されるものと期待することについて合理的な理由があると認められる場合には、解雇と同様に、使用者は、その更新拒絶が「客観的に合理的な理由を欠き、社会通念上相当であると認められないとき」は、当該有期労働契約の雇止めができないというルールです。ここでいう、解雇と社会通念上同視できるか否か、労働者において更新の期待に合理的理由が認められるか否かは、当該労働契約の業務の性質、契約更新の回数、雇用の通算期間、更新手続の実態、雇用継続の期待を持たせる使用者の言動の有無、労働者の能力や行動等諸般の事情を総合的に勘案して判断されることになります。

(4) 競業禁止

近年雇用が流動化するにつれて、技術上または営業上の秘密を知る労働者が、同業他社に転職したり、競業する会社を設立したりすることが問題になっています。労働者には、退職後も一定の範囲で業務に関連して知り得た秘密については守秘義務がありますが、就業規則や誓約書で明記しておくべきです。また会社としては、それを実効性のあるものにするため、競業自体を禁止したいと考えるのは自然です。

しかし、退職後の競業禁止については、直ちには認められず、職業選択の自由との関係で総合的に判断されます。判断の基準としては、当該労働者の会社における地位、保護すべき秘密の内容、制限する期間・地域・業務内容、代償の有無、特約の有無などが考慮され、期間は一～二年とされるのが一般的です。したがって、会社としては、合理的な内容の競業禁止義務を規定した就業規則や誓約書を整備しておく必要があります。

11—労働災害補償保険

労働災害補償保険（労災保険）制度は、労働基準法で定められた使用者の無過失責任である災害補償責任の履行を確保するための制度です。強制適用の原則のもとに労働者を一人でも使用している事業者に加入義務が課され、事業主が保険料の全額を負担することになります。労災保険は、原則として事業の種類や規模を問わず労働者が使用される事業に適用されます。また、その事業に使用される労働者については、事業内における地位、雇用形態、勤続年数、国籍などに関係なく、常用、臨時、パートタイマーなどにも適用されます。

適用対象となる業務災害とは、労働者の業務上の負傷、疾病、傷害または死亡をいいます。業務災害に関しては、労災保険法に基づき保険給付が行われます。業務災害と認められるためには、一般的に「業務遂行性（労働者が労働契約に基づき事業者の支配下・管理下にある状態で起きた災害であること）」と、「業務起因性（業務と災害との間に一定の因果関係があること）」を満たす必要があります。

通勤災害は、往復の通勤上における災害であって、業務災害と同様の補償を受けられます。労災保険法上、通勤とは、労働者が就業に関し、住居と就業場所との往復などの移動を合理的な経路（鉄道、バスなどの通常利用する経路、これに代替する経路など）および方法（公共交通機関、自動車、自転車など通常用いられる交通方法）により行うことをいい、業務上の性質を有するものを除くものとされています。

12――労働者派遣

企業は、労働者派遣、請負、業務委託等の形態で、直接の労働契約関係のない労働者から労務の提供を受けることもあり、経営合理化の一環として増加しています。このうち、労働者派遣は、派遣元事業主が、自己の雇用する労働者を、当該雇用関係の下に、派遣先の指揮命令を受けて、派遣先のために労働に従事させることをいいます。「労働者派遣事業の適正な運営の確保及び派遣労働者の保護等に関する法律」(「労働者派遣法」)が、労働者派遣事業にかかる許可制等の業規制、派遣可能期間の定め、派遣先の雇用契約申込義務、派遣先・派遣元の講ずべき措置等諸種の規律を定めています。

労働者派遣法上、全ての労働者派遣事業は、厚生労働大臣の許可制とされています。また、派遣先は、①事業所等の派遣就業の場所ごとに同一の業務について一定の派遣可能期間(原則三年間。過半数労働組合等の意見を聞いた上で三年を超える延長可)を超えて役務の提供は受けられず、また②同一の派遣労働者から派遣就業の場所における同一の組織単位に対して派遣可能期間(三年)を超えて役務の提供は受けられません。なお、労働者供給事業は、職業安定法により原則禁止されています。

派遣先には、派遣労働者の同一労働同一賃金を実現する義務があります。
具体的には、(a)不合理な待遇差を解消するため、「派遣先均等・均衡方式」「労使協定方式」のいずれかの方式により、派遣労働者の待遇を確保すること、(b)派遣労働者が不合理な待遇差を感じることのないよう、雇入れ時、派遣時、派遣労働者から求めがあった場合に派遣労働者へ待遇に関する説明をする、(c)派遣労働者に関するトラブルの早期解決を図るため、派遣元事業主と派遣労働者との間の紛争を裁判をせずに解決する手続き「行政による裁判外紛争解決手続(行政ADR)」を整備することなどが定められました。

労働者派遣については、請負・業務委託の区別が問題にされます。法律的には、労働者派遣においては労働者が就労先の指揮命令に服するのに対し、請負や業務委託においては労働者が就労先の指揮命令には服さない点により区別されますが、実際問題としてこの区別は容易ではありません。こうしたことから、労働者派遣法の各種規律の下でしか行えない労働者派遣を、違法に請負や業務委託の形式で行っている事例が増加し、いわゆる「偽装請負」と呼ばれる社会問題となりました。そのため、他社との間で請負・業務委託契約を締結し、自社の労働者を相手先にて就労させる、あるいは、相手先の労働者を自社にて就労させる場合には、それが労働者派遣に該当するものとならないように十分に注意する必要があります。

13——労働組合との関係

(1) 憲法・労働組合法と労働組合

企業における人事労務においては、組合との関係も非常に重要な問題となります。憲法上、対等な労使関係の実現のために、労働者には団結権、団体交渉権、団体行動権が認められており、いわゆる「労働組合」とは、この団結権によって結成される労働者集団をいいます（憲法上の労働組合）。そして、労働組合法は、この憲法上の労働組合のうち、一定の要件を満たすもの（労働組合法上の労働組合）に対して、後述の不当労働行為の救済制度や、労働協約の拡張適用等所定の法的保護を与えています。

日本における労働組合は、企業別労働組合を主として、産業、地域、職種によって組織される欧米の労働組合とは特色が異なります。近年は、個人単位でも加入できる合同労働組合（ユニオンともいう）の活動が活発です。

(2) 団体交渉

労働組合の活動の中核は団体交渉であり、労働組合は労働条件の決定にかかる要求を達成するため、使用者に対して団体交渉を求めます。労働組合法上、使用者は労働組合からの団体交渉要求を正当な理由なく拒否することは不当労働行為として禁止されています。使用者は、形式的に団体交渉に応じるだけでなく、具体的・実質的な議論を行い、必要に応じて資料を提示するなど、誠実に交渉に応じなければなりません。

(3) 労働協約

団体交渉の結果、使用者と労働組合との間で労働協約が締結されます。労働協約において労働条件が定められている場合、これと異なる労働契約や就業規則の定めは無効となり、労働協約の定めが労働条件となります。さらに、労働組合法は、ある事業場において常時使用される同種の労働者の四分の三以上が当該労働協約の適用対象となっている場合には、当該事業場の同種の労働者全員に当該労働協約の適用が拡張されるという効力（労働協約の拡張的効力）を労働協約に与えていることにも注意が必要です。

(4) 争議行為・組合活動

団体交渉を実効的なものとするため、労働組合はストライキなどの争議行為、街宣活動などの組合活動を行うことも団体行動権として憲法上保障されており、「正当性」の認められる争議行為・組合活動を行っている限り、労働組合は刑事上も民事上も責任を問われません。この「正当性」の範囲は目的や態様等諸種の事情を考慮して判断されますが、使用者は、労働組合の争議行為・組合活動に対しては、正当性が認められる限りではこれを甘受し、正当性が認められない場合には毅然とした態度でこれに対処しなければなりません。

(5) 不当労働行為

労働組合法は、使用者による(a)不利益取り扱い、(b)黄犬契約（労働者が労働組合に加入せず、もしくは労働組合から脱退することを雇用条件とすること）、(c)団体交渉拒否、(d)支配介入、(e)経費援助、(f)報復的不利益取り扱いを不当労働行為として禁止し、労働者および労働組合に対して、行政機関である労働委員会による不当労働行為救済制度を設けています。使用者は、労働組合との関係において、この不当労働行為に該当するような行為を行わないよう注意して行動しなければいけません。

14——労使関係紛争の解決手続

「理由もないのに解雇された」「会社が残業代を支払ってくれない」「組合を結成した途端に地方

に左遷された」など、さまざまな理由で労使間の紛争は生じますが、法律上、こうした労使紛争の解決手続として、各種制度が設けられています。ここでは、そのうち代表的なものについて簡単に触れておきたいと思います。

(1) 行政による紛争解決手続

集団的労働関係紛争にかかる解決手続としては、各都道府県に設置される労働委員会による不当労働行為の救済手続が重要です。当該制度は、労働者や労働組合が使用者による不当労働行為(13節(5)参照)に対する救済命令を労働委員会に求める制度であり、労働委員会は審査の結果不当労働行為の存在を認めた時には、使用者に対し一定の強制力のある救済命令を発します。当該制度は都道府県労働委員会と中央労働委員会の二審制となっており、都道府県労働委員会の決定・命令に不服がある当事者は、中央労働委員会に再審査を申し立てることができますが、いずれも審理期間に数カ月から一年半程度かかるのが通常です。また、労働委員会の命令に不服がある当事者は、裁判所に対して当該命令の取り消しを求めて出訴することも可能です。

その他行政による紛争解決手続としては、都道府県労働局長による助言・指導制度、紛争調整委員会による斡旋手続があります。

す。

(2) 裁判所による紛争解決手続

裁判所による紛争解決手続の中心は民事訴訟ですが、ここでは労働審判制度について概説します。

労働審判制度は裁判所に設置される労働審判委員会（裁判官一名と労働関係の有識者二名［労使双方から各一名］からなる労働審判員により構成される）により、地方裁判所において原則三回の期日内で行われます。労働審判委員会は、双方の主張や証拠を踏まえて可能な限り当事者間での和解（調停）の成立を試み、和解（調停）が成立しない場合には一定の強制力のある労働審判を下します。なお、この調停は裁判上の和解と同一の効力を有し、強制執行力を伴うことが大きな特徴です。労働審判に不服のある当事者は、異議申立てにより当該紛争を民事訴訟手続に移行させることができます。

労働審判手続は、民事訴訟と紛争調整委員会による斡旋手続の中間的な制度であり、(a)比較的短期間で、(b)裁判官等労使関係の専門家による適正・公平な判断のもと、(c)協議による柔軟な解決を図り得る、という点で高い実効性を有する手続きとしてよく利用されています。

15―その他の人事・労務に関する法律

以上は、人事・労務に関するごく基礎的な法律関係を概観したものですが、これらに限らず、他にも非典型雇用（パートタイム労働者など）に関する問題、労働安全衛生に関する問題、労働契約関係における年少者・女性・高齢者の保護に関する問題、労働災害に関する問題、社会保険に関する問題等、人事・労務において問題となる法律知識は多種多様に存在します。

また、外国人雇用に関する雇用対策法上の規制として、雇用管理の改善等に関して事業主が講ずべき措置、雇用や離職の届出、在留資格や在留期間の確認などにも注意が必要です。

働き方改革の進行に加え、コロナ禍やデジタル化の影響によって新たな働き方が広がっています。それに伴い様々な法的課題も生じており、今後の動向に注意しましょう（フリーランス新法についてはコラム参照）。

COFFEE BREAK

フリーランス新法

フリーランスと企業間の取引を規律する法律としては、独占禁止法や下請法が既に存在しますが、下請法では、その資本金要件により規律が及ばないフリーランスと企業間の取引があり、フリーランスの保護としては不十分でした。

そこで、「特定受託事業者に係る取引の適正化等に関する法律」(フリーランス新法)が制定され、2024年秋に施行される予定です。この法律は、国が推進する働き方改革によって増加するフリーランスと企業間において、その力関係に起因する不適切な条件や不当な取引慣行に基づく取引が行われることを防止し、フリーランスを社会的に保護することを目的とします。

フリーランスを保護するため、主に(1)業務委託時の取引条件明示、(2)報酬支払の適正化、(3)継続的業務委託における禁止行為、(4)就業環境の整備、(5)解除の制限について定められています。

企業がフリーランス新法に違反すると、公正取引委員会、中小企業庁長官又は厚生労働大臣から、違反行為について助言、指導、報告徴収・立入検査、勧告、公表、命令がなされ、命令違反及び検査拒否等に対しては、50万円以下の罰金が科される可能性があります。フリーランス新法への違反は、企業の信頼や評判に重大な悪影響を及ぼしかねませんので、フリーランス新法の規律について社内での理解を徹底し、対応を検討することが重要です。

V　財産に関する法律

1――不動産・動産

(1)　不動産

①　意義

会社の財産の中で重要なものとして、不動産が挙げられます。不動産は、まさに動かない資産なので安定性があり、取引がよく行われているので換価性があります。登記制度があるので対抗力があるなど担保としても一番適しており、金融機関等からの借り入れの際には最重要の担保用資産となります。近年は、不動産を処分して貸借対照表を軽量化（オフバランス）する動きや、リースバックや流動化により不動産を活用する動きも出ています。

不動産に関する法律は多く、これらをよく確認しておかないと、不動産の所有、利用、処分等に差し支えます。海外の不動産であれば各国や各州の法律を調査する必要がありますが、ここでは日本の不動産について基本的な考え方を説明します。

不動産には、土地と建物があり、いずれも実体面と登記面の両方をよく把握することが必要です。

② 実体面

実体面から見ると、土地については、どのような土地であるのかをよく確認することです。宅地、農地、山林などの地目がありますが、宅地であれば、商業地もしくは住宅地として利用できるのか、別荘地なのか、工場用地かなどといったことを確認し、どれくらいの高さや広さの建物が建てられるのか、電気・ガス・水道設備はどうなっているのか、土地・建物の利用制限はどうなっているのか、土壌汚染などの環境問題がないかなどについて、こと細かにチェックする必要があります。隣地との境界の確認や土地の利用関係の確認、特に通行権や地役権についての確認も必要です。

農地であれば、当然のようには所有権移転や開発行為はできません。また、土地の利用状況、小作人がいれば小作契約を確認し、将来的に宅地への変更が可能なのかどうかも確認する必要があります。

借地であれば、地主とどのような賃貸借契約関係にあるのかを確認することが必要です。借地については、借地権価格（借地権の評価額）が非常に高く認められています。場所や契約条件によって異なりますが、借地権割合（土地の更地評価額に対する借地権価格の割合）は、一般的には、商業地域で地価の八〇〜九〇%、住宅地域で地価の五〇〜七〇%程度の価格とされており、国税庁の公表する路線価図や評価倍率表で確認できます。

借地については、借地上の建物の耐用年数、契約期間を確認しなければなりません。借地借家法に定められている定期借地権、建物譲渡特約付借地権、事業用借地権に該当する場合には前記のような借地権価格とはならず、契約条件によってはこれよりかなり低い評価になると思われます。そのため、これらに該当するか否かを確認することは、財産価値の正確な把握につながります。借地の権利を確保するには、契約書を作成するとともに土地について賃借権を登記するか、契約書を作成するとともに借地上の建物の所有権登記をして、第三者への対抗要件を備えておくことが必要です。賃借権の登記ではなく地上権設定の登記をすることもあり、地上権となればより一層強力な権利となります。

また、土地だけでなく、建物も重要な資産ですから、特に借地権を確保するためには、建物を欠かすわけにはいきません。建物については、鉄筋コンクリート造、鉄骨造、木造等の建物の内容のチェック、建築後どれぐらい経っているのか、土地・建物についての利用状況や管理状況、自用か賃貸用か、他に賃貸しているのであれば、賃料・敷金・保証金等がどうなっているかなどについてよく把握し、財産価値の維持に努めることが必要です。また、建て替え、増改築、補修にどれぐらいの費用を要するのか、土地・建物の公租公課等がどうなるのかといったことも把握しておかなければなりません。

③ 登記面

不動産についての権利を確保するためには、しかるべく登記をしておくことが必要ですが、登記と実体とが一致していないこともあり得ます。特に、土地については登記面積と実測面積とが異なることがよくあり、実体をよく把握しておかなければなりません。また、登記があっても、実際には存在しない土地があり、逆に登記がなくても存在する土地、いわゆる無籍地もあります。また、所有者不明土地問題の解決のために、二〇二三年四月に施行された相続土地国庫帰属法にも注意すべきです。

土地は、登記上の公図が明瞭でないことも多く、対象となる土地がどこに存在するのか、どこからどこまでが対象土地であるかが分からないこともあります。また、対象土地の中に、登記上、里道や水路、その他国有地や他人の所有地が含まれていることもあります。

土地については、登記上の問題も含めて、所有権移転や担保権設定の制限等の問題や用途制限、地上建物の建築制限の問題など多くの法的チェックが必要です。建物についても、建て替え、建て増し、取り壊しなどで登記上の建物と現状とが一致しないこともあり、場合によっては違法建築物のこともありますので、現況をよく把握しておくべきです。

不動産の物権変動（取得、移転など）は、原則として登記がなければ第三者に対抗できません

（登記が対抗要件）。他方で、登記に公信力はないので、登記を信頼したというだけでは取引の相手方は保護されません。したがって、登記上の権利者が真の権利者かどうか調査する必要があります。ただし、反証がなければ登記通りの権利関係があるとされます（登記の推定力）。

④ 評価

不動産は、財産価値把握のために、正確な評価をしておくことも重要です。不動産鑑定士の評価があれば、これを参考にするのがよいでしょう。不動産鑑定士の評価がなくても、対象土地の公示価格、路線価（税対象の評価額）、固定資産税の評価額等を参考にし、対象土地の付近の不動産売買事例価額と比較しながら評価額を算定するのがよいでしょう。

建物の価格算定については、建物の簿価等を参考にしながら決めることになりますが、あくまでも対象建物の利用価値をよく見極めることが必要です。また、借地権付建物を評価する場合には、借地権価格を正確に把握しなければなりません。

⑵ 動　産

動産とは、不動産以外の物を指します。不動産取引との重要な違いは、引渡しが対抗要件であり、取引により善意・無過失で取得した者に即時取得が認められることです。会社が持っている動産には、営業上の商品などが該当します。動産の商品には、完成品だけでなく、工場における原材料や仕掛品、半製品なども含まれます。それ以外に、資産として重要な動産には、営業用設備などの機械器具、営業用の自動車などの車両、営業用の建設機械等があります。

さらに、事務所、工場、倉庫などで使用する什器や備品などもこれに該当します。会社によっては、営業用だけでなくて、資産保有のために宝石・書画・骨董類を所有していることがありますが、これらも動産に該当します。牛や豚などの家畜や、養殖されている魚なども動産です。

自動車のほか航空機、船舶も本来は動産です。ただし、一定の要件を満たせば、登記・登録が可能であり、登記・登録されたこれらのものは不動産に準じて扱われることになります。

動産の中でも、登記・登録の可能なものは、確実にしかるべき手続きをとっておかなければなりません。そうすれば、担保としても十分に活用でき、経営に大いに役立つことになります。

2―債権・有価証券

⑴ 債　権

債権とは、債権者が債務者に対して一定の給付を請求することを内容とする権利のことです。

債権は、債権発生の原因となる契約書等関連書類を確認して、すべて債権金額通りに支払われるかどうか、十分に管理する必要があります。

債権譲渡の債務者対抗要件は、譲渡人から債務者への通知または債務者の承諾であり、第三者対抗要件は、それらが確定日付ある証書によって行われることです（第Ⅶ章1節(1)①(ii)譲渡担保参照）。

① 売掛金・貸付金等

売掛金・貸付金・工事代金等の債権については、まず、当該債権の債務者の支払能力があるかどうかが問題になりますので、債務者の経営状態や信用を確認します。それから、帳簿通りの債権が実際にあるかどうかを確認することです。そのためには、契約書、納品書、請求書、債務残高確認書等によって、債権金額、支払期日、支払条件等をよく確認することが重要です。

また、当該債権について商品のクレームや契約違反などにより差し引かれるべき金額がないかどうか、債務者が会社に対して逆に債権を有しているために相殺されて減額されたり、ゼロとなるようなことがないかどうか、よく確認することが必要です。

② 賃貸借関連

会社が賃借人として、賃貸人に差し入れている敷金・保証金・建設協力金については、賃貸借契約書等によって、賃貸人が誰であるか、敷金・保証金・建設協力金の金額、返済条件を確認することが必要です。また、賃貸人の支払能力も要確認事項です。

敷金は、通常、賃料の二カ月分程度（テナントビルの場合には一〇カ月分程度のこともある）

です。これは無利息で、賃貸借契約終了時に賃貸借物件の損害料・未払賃料等を差し引いて賃借人に返還されることとなっています。

保証金は、通常、賃貸借契約時に賃借人が、賃料の数倍～二〇倍くらいの金員を賃貸人に差し入れて無利息とし、賃貸借契約の終了後もしくは一定期間据置き後に、未払債務等を差し引いて返還されます。また場合によっては特約により、保証金の八〇％の金額（保証金の二〇％の金額を賃貸人が取得する）から未払債務等を差し引いて賃借人に返還されることもあります。

建設協力金については、通常、賃貸借対象建物が建設される前に賃借人が賃貸人に差し入れるもので無利息であり、賃貸借契約締結後一定期間に賃貸人から賃借人に返還されることになっていますので、保証金（ただし保証金のうち敷金に相当する分を除く）と同様、一種の金銭消費貸借契約と考えられます。

会社が有するリース料債権や賃料債権についても、借主との契約書の内容、リース料や賃料の支払条件、借主の支払能力を確認することが必要です。さらには、リースや賃貸の対象物件の管理も十分に行わなければなりません。

③ ゴルフ会員権

ゴルフ会員権は、特に名門クラブの場合などに、当該クラブでプレイできる権利と合わさることで財産価値が十分に見込まれるものもありますが、ゴルフクラブの経営が破綻し、ゴルフクラブの経営企業が倒産しているところも多くあり、要注意です。ゴルフクラブの立地条件、会員メンバー、会員数、用地の財産的価値等を見て、財産価値を把握しておくべきです。また、ゴルフクラブの規約を入手して、内容をよく確認しておくことも必要です。

ゴルフ会員権には、主として株式方式のものと預託保証金方式のものがありますが、預託保証金方式のものがより一般的です。預託保証金方式の場合、入会時にあらかじめ定められた金員を預け入れ、一定期間の据置き後、退会等の所定の要件を満たした時に返還されるというのが一般的です。

(2) 有価証券

会社が持っている資産の中でも、有価証券は、財産価値が高いものです。有価証券には、株式、公社債、手形・小切手、抵当証券、倉庫証券、船荷証券等があります。

① 株式

株式については、株券を発行しないことが原則であり、株券を発行する場合にはその旨を定款に定める必要があります。上場株式については株券電子化制度が導入され、株券が発行されなくなっています。

株券電子化制度とは、社債、株式等の振替に関する法律により、上場会社の株式等にかかる株券をすべて廃止し、株券の存在を前提として行われてきた株主権の管理を、証券保管振替機構（「ほふり」と呼ばれる）および証券会社等の金融機関に開設された口座において電子的に行うものです。株券電子化には、従来のような株券紛失、盗難のリスクがなくなる他、株式売買の際に株券の交付や株式名簿の書換申請を行う必要がなくなるなど、さまざまなメリットがあります。

株式の価値を評価するには、まず、上場株式かどうかと、信用できる株式会社の発行した株式かどうかをチェックすることが必要です。

証券取引所において取引される上場株式については、毎日の株価がよく分かりますし、譲渡が容易で換価しやすいので、株式の評価については問題がありません。ただ、注意しなければならないのは、上場株式の発行会社であっても倒産や株価の変動によって、購入時と株価が相当異なることがあるため、株価が暴落した時には資産価値が大きく減るということです。

非上場株式は、株式の価値を評価することが難しく、通常は、株式発行会社の貸借対照表をベースに評価します。土地等において簿価より時価が相当高く、いわゆる含み資産価値が大きい場合（逆に含み損の場合もある）には、これも算定すべきです。ただしこの場合、株式発行会社の現在ならびに将来の経営内容をよく把握して株式評価額を算定すべきで、特に信用度合いが株式評価に大きく影響することになります。M&Aの場合には、株式発行会社が将来獲得するフリー・キャッシュフローを現在価値評価することによって算定する方法（DCF法）がよく使われます。また、かかる非上場株式については、株式の譲渡について株式発行会社の取締役会の承認が必要である旨定款に定めてある（つまり譲渡制限株式となっている）ことが多いことも、株式の評価を困難にしているといえます。

国際金融の発展から、日本の会社が外国会社の株式を保有することも多くなっています。外国会社の株式についても、日本の場合と同様に株式発行会社の信用度合いが評価のポイントです。

証券取引所で取引されている株式や証券会社の取引の対象となっている外国会社の株式については、相場が立つので評価ができますが、そうでない場合の評価は難しいといえるでしょう。USドル、ユーロ、英国ポンド、スイスフランなどの国際的な取引通貨で取引できる株式については、換価が可能ですから、日本円で価値を算定することができます。また、外国会社の株式については、カントリーリスクを考えなければなりません。さらに、外貨を円貨に換える時の為替リスクを考慮することも必要になります。

② 公社債

公社債とは、国・地方公共団体などの公法人、銀行その他上場会社等の発行している債券です。これも証券会社などで取引の対象になっているものは相場が立ち、市場性があるので、評価は容易です。このような債券については、USドル、スイスフラン等の外貨建てで発行されているものも多いので、為替レートをよく考えて評価することが必要です。また、債券を発行している会社が倒産することもありますから、これにもよく注意してください。

債券には、担保付社債、新株予約権付社債など、いろいろな種類があります。担保付社債は、社債の権利を保全するために発行会社の資産に担保設定するもので、債権者にとっては、権利保全上は有利なものになります。新株予約権付社債では、発行会社の発行している株式価格が上昇している時には、債権者にとって有利ですが、当該株価が下落している場合には、債権者にとっては評価の低いものになります。

公社債は、元本の償還期日、利札付きの場合には利息の支払期日がありますから、確実に現金化できるように管理しておくことが必要です。

③ 手形

(i) 手形の意義　手形は、会社が、売掛金債権、貸付金債権、工事代金債権などの支払いのために債務者から受け取る有価証券です。特に、支払期日が比較的長い取引には手形が多く利用されます。

手形は、約束手形と為替手形とがありますが、取引上多いのは約束手形です。約束手形を受け取った場合、まず、約束手形の振出人（為替手形の場合は、引受人）が信用できる者かどうかを確認することが重要になります。手形を支払期日に取立てに回す時、手形の決済をするのが第一に約束手形の振出人（為替手形の引受人）であるからです。万一、手形が不渡りになった時に償還すべき責任のある相手である手形の裏書人・保証人等の信用をチェックすることも重要です。

(ii) 約束手形の使い方

手形については、約束手形をベースに説明します。為替手形は、荷為替手形が貿易取引によく使われますが、それ以外の通常の商取引ではほとんど使われません。

約束手形は、振出人（債務者）が名宛人（債権者）に手形を振り出して交付し、名宛人は支払期日に手形を取り立てるか、支払期日よりも前に他に裏書の上、譲渡して換金します。その際、手形金額から支払期日に至るまでの金利相当分を差し引いた金額で換価されます（金融機関が支払期日の前に手形を買い受ける場合、これを「割り引く」といい、手形金額から割引料〔上記金利相当分〕を差し引いて買い取ることになる）。被裏書人はさらに裏書するか（裏書は何回でも可能）、支払期日に手形を取り立てることになります（いずれも最後は手形支払期日に取り立てることになる）。商取引上、流通する手形は、銀行など金融機関が定めた統一用紙によることが必要であり、約束手形の振出人・為替手形の引受人が当座取引金融機関から交付を受ける手形用紙を使うことになります。金融機関の定めた手形用紙を使用しない場合には、手形交換所において手形は決済されません。

債権者が債務者から手形を受け取ると、手形を取引金融機関に割り引いてもらうか、支払期日前に取引金融機関に取立委任をするか、あるいは債務の支払いのために他に裏書するか、いずれにしても最終的には金融機関を経由し、手形交換所を通じて手形決済されることになります。手形の支払場所の金融機関に、約束手形の振出人・為替手形の引受人の手形金額相当の当座預金がない場合は、手形が決済されずに不渡りとなります。約束手形の振出人・為替手形の引受人は、六カ月内に二回手形不渡りが発生すると、手形交換所における手形取引が二年間停止されます。これによって事業ができなくなることが多く、事実上の倒産となります。

ですから、約束手形の振出人・為替手形の引受人は、手形不渡りを避けるために、手形決済のために必死の努力をするということになります（支払期限の延長要請を「手形ジャンプ」という）。それだけ債務弁済の実効性が強いのです。

手形は近年あまり使われなくなっているので、詳細な説明は省略します。

④ 小切手

商取引において、簡単な決済手段として、小切手があります。債務者が振出人となって、支払人（通常は、支払場所の金融機関）に支払いを委託するものです。手形と同様に小切手要件があり、一般取引上は、金融機関指定の小切手用紙を使用しなければ手形交換所において流通しません。

小切手は、裏書・保証など手形と同様の手続きがあります。手形と異なるのは、小切手が支払手段に使われ、振出人が小切手を振り出した以上は、振出日が先日付であっても支払う義務が発生するということです。手形のように支払期日という概念はありません。もちろん、振出人が支払委託をした支払金融機関に小切手金額に見合う当座預金がなければ小切手は不渡りとなり、手形と同様に手形・小切手取引停止処分の理由となります。小切手の支払呈示期間は一〇日間であり、小切手を受け取った場合は、一〇日以内に支払場所の金融機関に手形交換所を通じて支払いのための呈示をしないと、小切手の支払いを拒絶されることがあります。

小切手は、必ずしも信用できるものではありませんが、信用できる銀行等金融機関の振り出した小切手は、現金と同様に扱われています(預金小切手、略して預手という)。小切手も手形と同様、小切手要件の欠缺(けんけつ)(要件が欠けていること)等がないかどうかよく確認することが必要です。その他、小切手については、手形と同様の手続き、規定がありますので、手形と比較しながら理解しておくことがよいと思います。

⑤ 電子手形・小切手と電子記録債権

電子交換所においては、従来の紙の手形・小切手と異なり、コンピューター上で債権が記録され、割引や裏書等の手続きもインターネットやファクシミリで行うことができますので、迅速な手続きが可能になる他、手形・小切手の紛失や盗難のリスクもなくなるなど、さまざまなメリットがあります。また、手形・小切手や売掛債権の問題点を克服した新たな金銭債権として、電子記録債権制度が創設され、「でんさいネット」によってサービスが運用されています。なお、二〇二六年度末までに紙の手形・小切手は廃止され、全面的に電子化される予定です。

⑥ その他の有価証券

抵当証券は、抵当権が証券化したものですが、抵当権設定登記・抵当権設定契約書はもちろんのこと、登記対象物件の価値・現物の確認等をして、証券の資産価値の把握をすることが必要です。また、一般にモーゲージ証書等と称して、一見抵当証券風な証書が出回っています。これは、不動産金融会社等が抵当証券を預かって、その証券をベースに何口かに分けて(小口債権化して)、その証書を一般投資家に販売している場合が多く、この場合には、抵当証券でなく、単なる債権証書にすぎないので注意を要します。そのようなケースは、証書を小口債権化して販売している不動産金融会社の信用が問題になり、信用がなければ、資産価値はないということになります。

倉庫証券・船荷証券については、証券の内容に加え、証券の対象となっている物の内容・価値の把握、現物の確認をして、資産価値がいくらになるのかをよく認識しておくことが必要です。

なお、有価証券について全般にいえることですが、偽造や変造されていることがあります。ですから念のため、有価証券の記載をよくチェックすることが必要です。

3——資金調達

(1) 企業の資金調達の方法

企業は事業活動を行うためには、その元となる資金が必要になります。通常は、自ら事業活動によって獲得した利益に加えて何らかの資金調達を行います。

企業が資金調達を行う方法としては、自己資本による調達(equity)と、他人資本による調達(debt)に大きく分類されます(直接金融と間接金融という分類もある)。自己資本による調達とは、調達した資金の返済義務を負わないもののことであり、例えば株式を発行することにより資金を調達する方法を指します。これに対し、他人資本とは、調達した資金の返済義務を負うものであり、例えば銀行からの借り入れなどがこれにあたります。

このような説明だけ聞くと、自己資本による調達のほうが有利のように思えますが、株式には通常議決権が付されていますから、株式を第三者に発行することは、ともすれば会社の経営に口を出されたり、支配権を奪われたりする可能性があります。また、上場会社ともなれば、株式は自由に売買され、株主から一定程度の配当を求められるのが通常であり、しかも配当として交付した金額は、借入金の利息などと異なり、税務上の損金にならないので、自己資本による調達のほうが有利であるとは一概にはいえません。

自己資本と他人資本による資金調達の割合をどのようにするかは、会社経営の根幹にかかわる問題であり、それぞれの会社の政策的判断が求められますが、法律の観点から注意すべきことは、主として資金調達の際の手続きや契約上の問題となります。

(2) 自己資本による資金調達の留意点

自己資本による資金調達の方法として代表的なものは、株式会社が新株発行により資金調達を行う場合です。これは株式を交付する代わりに金銭等を出資してもらうもので、一般的には増資と呼ばれます。

① 新株発行のための手続き

新株発行による資金調達の方法としては、既存の株主に対してその株式数に応じて新株を割り当てる株主割当ての方法、一部の株主や取引先など特定の者にだけ新株を割り当てる第三者割当ての方法、不特定の者に株式引き受けの勧誘をして割り当てる公募の方法の三種類があります。

株主割当てでは既存の出資比率を変動させずに増資をすることができるというメリットがありますが、一般的には第三者割当ての方法がよく用いられます。なお、株主割当てと似たものとして、新株予約権無償割当て（ライツオファリングまたはライツイシュー）も利用されています。

第三者割当ての手続きは、株式会社の機関設計によって異なります。非公開会社（すべての株式に譲渡制限が設けられている株式会社）の場合には、原則として株主総会の特別決議が必要となるのに対し、公開会社（非公開会社以外の会社）の場合には、原則として取締役会の決議で足りることとなります。ただし、公開会社の場合であっても、出資してもらう金銭等の金額がその株式を引き受ける者にとって特に有利な場合（有利発行）には、株主総会の特別決議が必要となります。なお、第Ⅲ章4節⑵記載のとおり、公開会社における支配株主の異動を伴う第三者割当てにおいては、一〇分の一以上の議決権を保有する株主が反対した場合には、株主総会の普通決議が求められるなど、情報開示の充実や少数株主の保護が図られています。

したがって、公開会社が新株を発行する場合には、機動的な資金調達が可能になりますが、その際に出資してもらう金額として会社側が定める金額が、その会社の株式の価値として公正な価格であるかどうかの検証が重要になります。公開会社のほとんどは上場会社ですので、その株式の価値を算定する際には証券取引所で取引されている価格（市場価格）を基準とします。証券業界の自主ルールにならい、新株発行を取締役会で決議した日から適当な期間（最長六カ月）をさかのぼった日から当該決議の直前日までの期間の平均の市場価格に〇・九を乗じた価格以上であれば有利発行でない、と解するのが実務上の運用です。

また、上場会社等の場合には、後述する金融商品取引法に基づく開示規制により有価証券届出書の提出や、証券取引所規則に基づく開示規制を受けることがあります。特に近年では既存株主の権利の希釈化等を招く第三者割当ての方法による増資が問題視されていることから、かなり詳細な事項の開示を求められる上、場合によっては証券取引所等から強い指摘を受ける場合もあり得ます。さらに、経営者が大株主を選ぶことができるという側面にも注意が必要です。

この他、新株発行の手続きとしては、原則として、株主割当ての際の基準日を定めるための公告や権利内容等の通知、第三者割当ての際の株主に対する公告または通知、総数引受契約の締結などが必要となります。

これらの新株発行の手続きに瑕疵があった場合には、既存の株主から新株発行の差し止めを受ける可能性がある他、取締役と通じて著しく不公正な価格で新株を引き受けた者については、公正な価格との差額を会社に支払う義務を負うこととなります。そのような事態となれば、会社のレピュテーションを大きく毀損する可能性がある他、会社の資本政策にも強く影響を及ぼすので、これらの手続きは細心の注意を払って行われます。

② 新株発行に関する契約

新株発行は、例えば、ベンチャー企業がベンチャーキャピタル（ＶＣ）やベンチャー企業に投資する大企業のＶＣ（ＣＶＣ）などからの投資を受けるような場合にも、一般的に用いられます。このような場合、投資を受ける会社と投資をする会社との間で投資契約や株主間契約を締結します。

投資契約や株主間契約の内容としては、投資の受け入れと投資の実行を約束するのみならず、投資に際して投資を受ける会社に関する一定の事項を表明保証をさせる規定（例えば、重大な法令違反がないことなどを表明保証させ、これに違反した場合には株式の買取請求や補償請求ができる規定）や、投資の実行後に投資をした会社が投資を受けた会社の意思決定に関与することを認める規定（例えば、一定の重要な事項を決定する場合に事前の承諾を必要とする規定や、取締役の指名権を定める規定）を設けることがあります。このような契約の内容は、今後の会社の運営方針にも大きく関係してくる可能性があるので、特に投資を受ける会社としては十分にその内容をチェックする必要があります。

(3) 他人資本による資金調達の留意点

他人資本による資金調達の代表的な方法としては、銀行などの金融機関からの借り入れが挙げられます。その他、社債の発行、小規模な会社であれば創業者や経営陣からの借り入れ、グループ会社を持つ会社であればそのグループ会社からの借り入れ（インターカンパニー・ローン）などを行うことがありますが、実務上は銀行などの金融機関からの借り入れを行うことが多いでしょう。ここでは、金融機関からの借り入れを念頭にその留意点を説明します。

① 借り入れのための手続き

銀行等からの借り入れは、既存株主の出資比率を低下させるなどの影響がないため、原則として株式会社はその意思決定について特段の法規制を受けません。

しかし、借り入れもその内容次第では会社の重要事項になり得ることから、会社法は（取締役会設置会社の場合）「多額の借財」については取締役会で決定することを求めています。ここにいう借財とは、手形の振出し、債務保証、デリバティブ取引等も含まれます。どのくらいの金額をもって「多額」というかについては、会社の規模、状況等によって異なるものと考えられていま す。また、ここでいう「多額の借財」に該当しない場合であっても、社内規程等によって意思決定機関を定めて、それに従った決議をしておくことがガバナンス上は望ましいといえます。

② 借り入れに関する契約

銀行等の金融機関からの借り入れを行う場合の契約内容は、銀行取引約定書を利用した簡易なものから、多数の貸付人が関与するシンジケートローンのように複雑な取り決めを行うものまでさまざまです。契約には、通常、期限の利益喪失事由が規定され、当該事由に該当することとなると、たとえ弁済期限がもっと先であった場合でも直ちに返済しなければならないので、注意が必要です。

銀行等からの借り入れに際しては、銀行等からの求めに応じて不動産などの担保を設定することがあり、その場合には担保に入れる資産のステータス（価額・他の債権の担保に入っているか等）を確認することが必要となります。また、担保同様の機能を有するものとして、貸付人である銀行等に預けている預金との相殺がなされる場合があります。これは、貸付金の返済が困難と見込まれる場合に預金債権と貸付債権を相殺することにより、銀行等が実質的に貸付金の返済を受けたのと同様の効果を得るものです。

⑷ 証券化の留意点

近時、株式発行や借り入れ等の伝統的な資金調達手段に加え、証券化が利用される機会が増えています。

資産の証券化とは、会社が特定の資産の保有を目的とする別の主体（特別目的事業体、ＳＰＶ）に自ら保有する資産を移転し、その資産が生み出すキャッシュフローを原資として元利金や配当を支払う証券を発行し、投資家に売却する手法のことをいいます。証券化の対象となるのは、不動産、動産、債権、知的財産権、事業などがあります。資産を保有する者の信用力ではなく、資産自体の信用力から証券が発行されるため、銀行借り入れ等より低い金利での資金調達が可能になります。

投資家にとっては、リスクの見極めが必要です。米国の信用度の低い人向けの住宅ローンが証券化された商品は、サブプライムローン問題を引き起こし、世界的な金融危機が生じました。その影響で、証券化案件は急減しましたが、市場が落ち着いた後、健全な証券化は再び利用されるようになっています。

法務の観点で証券化を見る場合、複雑な契約を理解して会社に生じるリスクを見つけることや、投資家保護のための倒産隔離がなされているかの確認をすることが重要になります。倒産隔離とは、原資産保有者（オリジネーター）が倒産しても、投資家にあらかじめ定められたキャッシュフローが支払われ、元利金の支払いが確実に行われることをスキーム上担保することをいいます。

4―知的財産権

⑴ 意 義

知的財産権は、権利の対象によって、特許権、実用新案権、意匠権、商標権、営業秘密（登録のない技術等）、著作権などに分類されます。会社は自ら所有する知的財産を利用して事業を有利に展開することもできますし、第三者に対して自社の知的財産の使用を許諾することによって、ライセンス料（ロイヤルティ）収入を得ることもできます。

また、コンテンツ制作やソフトウエア開発を行う会社など、担保となり得る不動産を保有することが難しい会社にとっては、知的財産に質権や譲渡担保等を設定して融資を受ける、いわゆる知的財産担保融資や前述の証券化を利用することも考えられます。知的財産は、自ら使って利益を生む（内部利用）だけでなく、第三者に利用させて対価を得る（外部利用）こともできます。

メーカーやベンチャー企業・スタートアップ企業の場合には、知的財産戦略が企業価値や会社の命運を左右するといえましょう。海外ビジネスを行う会社では、国際的な保護も重要になります。

しかし、特許権・実用新案権は技術的な価値であり、かつ、権利を取得したとしても独占的使用期間に限度があることから、財産価値の見積もりは容易ではありません。また、意匠権はデザイン、商標権はトレードマークおよびサービスマークをベースとする権利であり、業種や使用する者によって評価が異なること、営業秘密は情報が公開されないので、情報それ自体が持つ価値の算定や陳腐化する時期が分からないことなどから、いずれも評価が難しい財産といえます。

なお、営業秘密や著作権は特段の手続きを経なくても法律で保護されるのに対し、特許権、実用新案権、意匠権および商標権は特許庁へ出願し、審査を受けて設定登録されなければ権利が発生せず、法律の保護も受けられないという違いがあります。後者の権利は、最も先に出願した者に付与されます（先願主義）。知的財産権の保護は属地主義によるため、国毎に権利化手続きを行うのが原則ですが、国際条約によって一定の国際的保護が図られています。並行輸入や模倣品対策はよく問題になっています。

ここでは、知的財産権の中でも主要な権利に位置づけられる特許権、実用新案権、意匠権、商標権、営業秘密および著作権について、それぞれ簡単に説明します。各権利の存続期間は次の通りです。

特許権	特許出願の日から二〇年
実用新案権	実用新案出願の日から一〇年
意匠権	意匠出願の日から二五年
商標権	設定登録の日から一〇年（ただし更新登録の申請により更新可能）
営業秘密	法律上の要件を満たす限り継続
著作権	原則として著作者の死後七〇年が経過するまで

これらの権利の侵害に対しては、損害賠償請求、差止請求等が認められ、権利者の立証負担を軽減する規定も設けられています。また、侵害した者は刑事罰に処せられることもあります。

(2) 特許権

特許権は、産業上の利用可能性、新規性、進歩性などの要件を満たした発明について与えられる権利です。発明とは、自然法則を利用した技術的思想のうち高度のものをいいます。要件のうち、新規性が問題になることが多く、公知、公用、刊行物記載等の新規性喪失事由が定められており、出願前に公開しないように注意すべきです。

発明者が特許権を得るためには、特許庁に対し、発明の内容等を説明して登録の出願をする必要があります。出願後一年六カ月経過すると、発明の内容が一般に公開されます（二〇二二年五月の経済安全保障推進法により例外的に特許出願の非公開制度を創出）。特許庁における審査を経て特許権の設定登録がされると、特許権者は、特許権の存続期間中、当該特許の対象たる発明について、独占的に実施する権利を得ることができます。

また、特許権者は、他者に実施権を設定することによって実施料を徴収することもでき、その条件を定めた契約をライセンス契約といいます。実施権には専用実施権と通常実施権がありますが、実務上使われるのは通常実施権がほとんどです。

会社の従業員による発明については、原則は発明者である当該従業員が特許を受ける権利を有します。会社は「相当の利益」を支払って特許権を当該従業員から承継するか、通常実施権を受けることができます。通常は、会社の職務発明規程等によってあらかじめ会社が特許を受ける権利を取得（原始取得）することが定められていますが、この「相当の利益」が適切な額であるかという点をめぐって、裁判等の紛争に発展する例もあります。

職務発明の対価について、特許法は、職務発明の対価を勤務規則等で定める場合には、その「基準の策定に際して使用者等と従業者等との間で行われる協議の状況、策定された当該基準の開示の状況、対価の額の算定について行われる従業者等からの意見の聴取の状況等を考慮して、その定めたところにより対価を支払うことが不合理と認められるものであってはならない」と規定しています。

共同発明の場合、特許を受ける権利は共同発明者全員が共有し、特許権はそれらの者の共有となります。各共有者は、自ら特許発明を実施することはできますが、持分権の譲渡や実施権の設定等には、他の共有者の同意が必要です。

(3) 実用新案権

実用新案権は、物品の形状、構造または組み合わせにかかる考案について与えられる権利です。特許権と同様に、実用新案権の設定登録がされると、当該考案の内容が一般に公開される一方、実用新案権の存続期間中、実用新案権者は当該考案を独占的に実施することができます。

特許権の対象である「発明」と違って、実用新案権の対象である「考案」は高度な創作に限られません。実用新案権は、登録に際し、新規性や進歩性等の実体審査がされないことから、特許権に比べて早期に権利付与を受けられるという点に大きな違いがあります。一方、実用新案権は、実用新案技術評価書を提示して警告した後でなければ損害賠償請求や差止請求等をすることができません。このように実用新案権は、特許権に比べて登録のハードルが低く、権利行使のハードルが高くなっています。なお、出願の日から三年以内であれば、特許出願に変更できます。

(4) 意匠権

意匠権は、工業上の利用可能性、新規性、創作非容易性などの要件を満たした、主として工業製品のデザイン等について与えられる権利です。意匠とは、物品の形状等、建築物の形状等、画像であって、視覚を通じて美感を起こさせるものをいいます。機能に着目する特許権や実用新案権と異なり、意匠の審美的な価値により需要者を引きつけることを保護するものです。

意匠権の設定登録がされると、当該意匠は原則として一般に公開される一方、意匠権者は意匠権の存続期間中、当該意匠について独占的に実施することができます。関連意匠は、一定の場合に複数のバリエーションからなる意匠群を保護する制度です。

(5) 商標権

商標権は、商品やサービスの目印となる標章を保護する権利です。自己の業務に係る商品・役務について使用する商標であること、自他商品・役務の識別力を有すること、他の登録商標と紛らわしいものでないことなどの要件を満たした商品商標（トレードマーク）または役務商標（サービスマーク）について与えられます。立体商標、音や色彩などの商標も認められています。

商標は、当該商標が用いられる商品または役務を指定して登録され、商標権者は、指定商品または指定役務について登録商標の使用を独占することができます。商標には出所表示機能があり、出所の混同防止のため、他人の登録商標と類似する商標を、類似する商品等に登録することはできません。一定の著名性を獲得した商標については、その非類似の商品等に使われた場合でも出所の混同が生じることがあるので、防御標章登録ができます。

登録商標が継続して三年以上使用されていないときは、不使用取消審判を申し立ててその商標権の取消しを特許庁に求めることができます。

会社の商標が第三者に勝手に使用されると、消費者が当該会社の製品・サービスであると誤認して購入するおそれがあります。特にそれが粗悪品であった場合などは、会社の信用にもかかわります。商標権を取得し、侵害者に対し積極的に権利行使していくことは、会社のブランドイメージの維持、向上にもつながることになります。

(6) 営業秘密

営業秘密は厳密には権利ではありませんが、秘密管理性、有用性、非公知性の要件を満たす場合には、知的財産の一種として、不正競争防止法によって保護されます。商品の製造方法、実験データ等の技術情報や顧客リスト、販売マニュアル等の営業情報などがこれに当たります。特に秘密管理性が問題になることが多く、具体的な管理方法については、経済産業省が公表している「営業秘密管理指針」が参考になります。

また、営業秘密の保護要件である「秘密管理性」を満たさない場合も、限定提供データ（業として特定の者に提供する情報として電磁的方法により相当量蓄積され管理されている技術上または営業上の情報であって、秘密として管理されているものを除く）に該当すれば、営業秘密と同様に保護されます。

営業秘密の中には特許権や実用新案権等の取得が可能なものもありますが、特許権や実用新案権等を取得すると、権利が付与される代わりにその内容が一般に公開されてしまうので、真似されるリスクも高まるといえます。そのため、内容が一般に公開されるのを避ける目的であえて権利を取得せず、営業秘密として取り扱うことがあります。公開と引き換えに特許権等の権利を取得するか、非公開のまま営業秘密として取り扱うかは、会社の重要な戦略といえるでしょう。

自社の技術や情報を営業秘密として取り扱うこととした場合、漏洩等によってひとたび流出すれば、もはや営業秘密ではなくなり、法律による保護を受けられなくなるので、情報管理には細心の注意を払う必要があります。近年海外への技術流出が大きな問題になっており、社内管理体制をしっかり構築するとともに、従業員や退職者から流出しないよう、技術者の労務管理強化や転退職者へのフォローも重要になっています。また、技術提携やジョイントベンチャー等において第三者に対して自社の営業秘密の使用を許諾する際は、相手方に重い秘密保持義務を負わせ、後から流出ルートを追跡できるよう管理するなどして、情報漏洩を防ぐことが必要です。

(7) 著作権

著作権は、著作物を創作した場合に、当該著作物について発生する権利です。特許権や商標権等と異なり、特許庁への登録などは不要で、著作物を創作した際に当然に権利が発生します。著作物とは法律上、「思想または感情を創作的に表現したものであって、文芸、学術、美術または音楽の範囲に属するものをいう」と定義されています。このうち「創作的」については、著作者の個性が何らかの形で現われていれば足りるといわれています。出版された小説や音楽、映画などが著作物であることは一般的にも知られていますが、著作物の範囲は他にも演劇、地図、コンピュータープログラムなど多岐にわたります。保護の対象は「表現」であり、事実やアイデア自体は保護されません。

著作物を翻訳、編曲もしくは変形し、または脚色、映画化その他翻案することにより創作した著作物を二次的著作物といい、それ自体保護の対象になりますが、原著作物の著作者の許諾を得て創作する必要があります。その素材の選択や配列によって創作性を有する編集物は、編集著作物またはデータベースの著作物として保護されます。

このように、創作と同時に権利を取得できる上に、その対象になる著作物の範囲も多岐にわたることから、著作権も、企業にとって重要な財産です。特に、ソフトウエアのデータベースなども著作物とされますので、その業界の会社にとっては、ますます貴重な財産になるといえます。

著作権とは、著作物に関する権利の総称であって、「著作権」という一つの権利が存在するわけではありません。例えば、著作物をコピーする権利を「複製権」、譲渡する権利を「譲渡権」、音楽であれば演奏する権利を「演奏権」というように、著作権にはさまざまな権利が含まれています。著作権は、原則として著作物を創作した人（これを「著作者」という）に発生する権利ですが、通常の権利と同様に譲渡したり、使用を許諾することができます。著作権のすべてを譲渡する場合は、著作権法27条と28条の権利を含むことを契約上明記する必要があります。

法人等の従業員がその職務に関して創作した著作物を職務著作といいます。職務著作の著作権者は、原則として、法人その他の使用者になります。

複数の者に共有されている著作権を共有著作権といいます。共有著作権の持分は、他の共有者の同意がなければ、譲渡や使用許諾ができず、共有著作権の行使もできません。

他方、著作者人格権（公表権、氏名表示権、同一性保持権）は、著作者だけが保有する権利で、譲渡したり相続したりすることはできません。著作権の譲渡の際には、著作者に著作者人格権の不行使を約定させることが通常です。

また、他人の創作した著作物を利用し、公衆に伝達する役割を担う者（実演家、レコード製作者、放送事業者、有線放送事業者）には、その著作物利用に関して著作隣接権が付与されます。

第三者が著作物を無断で利用した場合は、原則として著作権侵害になります。その要件として、類似性（その著作物と同一または類似）と依拠性（その著作物に接して自己の作品に用いること）が必要となります。著作権が制限される場合として、私的使用のための複製、目的上正当な範囲での引用、時事の事件の報道のための利用などが著作権法上で規定されています。生成AIの学習時のデータの利用については、「情報解析の用に供する場合」に当たるとされています。米国の著作権法には、形式的には著作権侵害に該当する場合であっても、著作権者の利益を不当に侵害しない公正な利用であれば、著作権侵害にならないとする、いわゆる「フェアユース」が規定されています。日本でもこのような権利制限の一般規定の導入をめぐって議論が進められていましたが、結局導入は見送られました。

近時、生成AIの生成物が著作物といえるか、生成物の利用が著作権侵害となりうるかなどについても議論されています。

なお、技術的保護手段（コピーコントロール）や技術的利用制限手段（アクセスコントロール）

COFFEE BREAK

技術流出の防止

営業秘密に限らず、広く技術情報の流出を防ぐためには、就職時の誓約書や就業規則に秘密保持義務を明記するとともに、退職時に同様の誓約書を取ることが望ましいといえます。秘密保持義務違反は、違反行為の存在や違反行為と損害との因果関係を立証するのが難しいため、競業避止義務も合わせて規定すべきです。競業避止義務の有効性は、企業の守るべき利益、従業員の地位、地域的限定、禁止期間、禁止行為の範囲、代償措置などを総合考慮して決まります。例えば、禁止行為の範囲は目的に照らして合理的な範囲である必要があり、期間は長くても２年が限度です。過度な競業禁止義務は無効になる可能性があるため、合理性のある範囲でなるべく具体的に禁止行為を規定しておくことが重要です。競業避止義務違反に対しては、競業行為の差止請求、損害賠償請求、退職金の支給制限等を行うことが考えられます。

このように、法的保護には一定の限界があることを意識して、特に重要な秘密情報についてはアクセスできる者を限定し、部署異動や職務内容の変更のつど誓約書を取るなど厳格な管理が必要になります。また、従業員が会社に不満を持っていると、競業会社からの勧誘によって転職し、技術を流出することにつながりかねません。就業規則、誓約書等で義務を課すと同時に、従業員や退職者に対する金銭的、精神的な満足感につながる処遇も意識すべきです。

転職者を採用する会社としても、転職者が秘密保持義務や競業避止義務を負っていないかについて採用時にヒアリングや注意喚起をし、誓約書を取る等の対策を検討すべきです。転職者が不正取得した営業秘密を転職先が使用していると、転職先も捜索の対象になったり、一定の場合に責任追及の対象となったりするおそれがあります。

を権限なく回避する行為は規制の対象になっています。

(8) その他の権利

ここまで主要な知的財産権を列挙してきましたが、他にも、種苗法や半導体集積回路の回路配置に関する法律等によって保護される知的財産権も存在します。また、従前より唱えられていたパブリシティ権について、最高裁判所が、肖像等が有する「顧客吸引力を排他的に利用する権利」と定義して侵害の要件を判断したことが注目を集めています。さらに、正式に権利としては認められていませんが、商品化権（キャラクターの商品化の保護）なども唱えられています。AI、ロボットなど新しい技術の進歩により、これまでの制度の枠に入らない権利の保護が議論されています。

5―保　険

保険そのものに資産価値はありませんが、リスクマネジメントの観点から、重要な建物、動産、船舶、航空機、自動車等には、必ず損害保険を付しておくことが必要です。また、これも資産ではありませんが、会社の役員に、会社として、生命保険を付しておくことも考えられます。これは、役員が不慮の事故等で死亡した場合に、死亡退職金や弔慰金の財源になりますので、突発的な支出を防ぐ役割を果たしますし、積立金は一部損金算入することが可能です。さらに、株主代表訴訟等に備えて、会社役員賠償責任保険（D&O保険）に加入するケースも増えています。

保険契約に関しては保険法が詳細なルールを定めています。それに加えて、輸出入や海外投資等の対外取引において生じる国際紛争、テロ、相手方の破産、債務不履行などの損失を保険する貿易保険制度が、日本貿易保険（NEXI）によって運営されています。

Ⅵ　取引関係の法律

1―契約に関する法律知識

(1)　契約一般に関する法律知識

①　契約締結にあたって

契約は、当事者がお互いに契約しようとする意思表示の合致（合意）があれば成立したことになります。つまり、契約書等の書面がなくても契約が成立したことになります。成立時期は、申込みに対する承諾がなされたときです。大企業を中心に金融や物流の分野で、インターネットを利用した電子商取引がよく行われ、電子契約・電子署名も普及してきました。

契約書などの書面がない場合は、「言った」「言わない」「約束した」「約束していない」などと、契約の内容に関して争いになった時の証拠力が弱くなり、ときに訴訟等の紛争に発展する可能性さえあります。意図しないEメールでのやり取りが合意の証拠となってしまうケースもあります。したがって、特に重要な契約については、可能な限り、契約書を作成することが必要になります。

なお、保証契約や定期賃貸借契約のように、法律上、必ず契約書や公正証書を作成することが義務づけられているもの、または契約書を作成しなければ有効とならないものもあります。

また、意思表示の不存在（心裡留保、虚偽表示、錯誤）や、瑕疵ある意思表示（詐欺、強迫）を理由に、無効や取消しを主張されることがあります。代理人と契約する場合は、代理権の有無に関して、代理権の濫用、無権代理、表見代理が争われることがあり、注意すべきです。

契約の交渉・締結にあたっては、契約の相手方を十分に確認する必要があります。つまり、相手方の契約締結権限、信用、財務状態などをチェックするのです。

② 契約の相手が法人か個人（自然人）か

まず、契約の締結にあたっては契約の相手が法人か個人かを確認しなければなりません。よく見られるものに、「○○商会」「○○商店」と表示され、これだけでは法人か個人か分かりにくいケースがあります。また「株式会社△△商事」とあっても、会社設立準備中のケースがあります。

法人であれば、その法人が権利・義務を有し、個人であれば、その個人が権利・義務を有することになります。ただし、法人であっても、個人も責任を負うこともありますから、法人の種類をよく確認することが必要です。

法人か個人か、また法人の種類については、所轄法務局で、法人に関する登記事項証明書（商業登記簿）を入手すれば分かります。法人は、登記をすることによって権利能力・行為能力・対抗力を持ちます。ですから、登記をしていないと、法人として認められません。

ただし、権利能力のない社団（法人格を持っていない団体）や民法上の組合のように、法人か個人かの見分けがつきにくい団体があります。権利能力のない社団とは、同窓会、ＰＴＡなどで法人登記をしていない団体のことをいいます。権利能力のない社団は、内部の権利や義務について、すべて社団に属することになります。しかし、法人として認められていないので、対外的には代表者個人が権利・義務を有することになります。なお、法人登記をしていない労働組合についても、権利能力のない社団ということになりますが、訴訟の当事者としては認められています。

民法上の組合は、法人格を持ちませんが、民法上認められた団体です。例えば、複数の建設業者が工事のために設立する共同企業体（ジョイントベンチャー）、法人化されていない弁護士事務所などは、一般にこれに該当します。また、投資ファンドは、「投資事業有限責任組合契約に関する法律」で認められた法人格を有さない団体です。他方で、組合という名称が付されている場合であっても、農業協同組合や生活協同組合については、農業協同組合法や消費生活協同組合法により法人格を与えられている点で、民法上の組合や投資事業有限責任組合とは法的性質が異なります。

③ 法人の代表・代理

株式会社である相手方と契約を締結する場合に、相手方の契約書の署名者が代表取締役であれば、原則的に問題はありません。ただし、会社に重大な影響を与えるような資産の譲渡や借財については、取締役会の承認を得ることが必要なので、契約を締結する前に、相手方がこの承認を得たかどうかの確認をすることが必要な場合もあります。また、契約当事者同士の代表取締役を兼任しているような取締役兼務の場合（例えば、グループ会社と契約を締結する場合など）は、取締役の利益相反取引であるとして取締役会の承認を得ることが必要なケースがあります。

契約を締結する代表取締役が本当の代表取締役であるかどうか疑わしい場合には、登記事項証明書などを確認することが必要となります。ただし、本当の代表取締役でなかった場合でも、その肩書が、社長、会長、専務、常務などであれば、対外的に代表権限があるものとみなされる可能性があり、これを信頼した者は保護されることとされています（表見代表取締役）。

また、契約締結者が部長などとされている場合には、その部門に属する範囲内での契約については、権限を有しているものと一般的には考えられており、その範囲内の取引であれば問題はありません。営業課長についても通常の営業取引の範囲内では、それ相応の権限を有するものと考えられています。ただし、注意しなければならないのは、あくまでも、通常の営業取引の範囲内で認められた権限であり、契約金額が異常に高い、取引に関係ない保証であるなど、契約条件が逸脱していると見られる場合には、部長や課長を相手として契約を締結するのは避けるべきです。

いずれにしても、契約を締結する時には、相手方の代表取締役（指名委員会等設置会社では代表執行役）の署名を求めることが最も安全といえるでしょう。

(2) 契約の内容と種類

契約の内容は、売買、賃貸借、消費貸借、請負、委任などの民法上定められているよく見かける契約（典型契約）から、合弁会社の運営方法等について定める合弁契約や、クラウドサービス契約のような最新技術に関する契約などの非典型契約・混合契約までさまざまです。中には、その会社が行う事業に独特な契約などもあり、一概にその内容を説明することはできません。

しかし、どのような契約内容であっても、私人間の契約関係については、契約自由の原則が妥当し、原則として両者の合意によって形成された事項が両者の権利関係を規律することとなるので、契約においてどのような事項が合意されたかが重要になります。ただし、契約の内容や種類によっては、弱者保護等の理由に基づき、当事者間の合意内容にかかわらず、一定の法律効果を強制する法律があるので注意が必要です（借地借家法、消費者契約法、下請法など）。

契約内容としてどのような事項を定めるべきかは、その取引の内容によりますが、一般には両者の権利と義務を明確にすることが重要です。その際、関連する法令や、会計・税務上の扱いにも配慮する必要があります。また、将来に関する事項や不測の事態が起きた場合などについても、どのように対応するかをあらかじめ契約において定めておくことが、紛争回避のための一助となるでしょう。取引の過程から両者にどのようなリスクが生じうるかを想定し、それぞれのリスクをどちらが負担するのか、シェアするのか、または回避するのかを決めることになります。

例えば、売買契約であれば、商品に不良品があった場合には返品・交換するのか、金銭で解決するのか、賃貸借契約であれば、賃貸借期間が終了した場合には自動的に更新するのか、更新の合意を必要とするのかなどは、契約の内容として一般的に定められている事項といえます。さらに、合弁契約において合弁会社の業績が赤字続きであったらどうするかなど、合理的に予測できる事項についてはなるべく明記しておきましょう。

(3) 契約の相手方の信用度

① チェックポイント

契約の相手方が、どの程度信用できるか、つまり相手方の信用度が契約締結上重要になります。場合によって、契約締結を中止する、契約金額を減額する、契約条件を厳しくするなど対応が異なります。ここで相手方が企業である場合の主なチェックポイントを説明します。

(i) 業歴・経歴　まず、相手方の企業の業歴を知っておくことが必要です。企業に歴史があり、十分業績を上げていれば、信用できる要素の一つといえます。歴史の浅い企業については、今後の推移をよく見ておくことが必要ですし、倒産を経験している企業は、注意しなければなりません。過去の歴史だけを見るのではなく、現状と将来性をよく見ておくことが必要です。

(ii) **信用調査機関などの活用**　相手方の企業を調査するにあたって、信用調査機関などを利用することがあります。この場合には、定評のある信用調査機関に調査を依頼すべきです。また、調査を依頼するにあたっては、相手方を全体的に把握するのか、特に調査内容・案件を絞って調査をするのかをはっきりさせることが必要です。

できあがった信用調書・信用データは、あくまでも参考にとどめるべきで、これを絶対的なものとして過信してはいけません。ただし、調査の結果、相手方を信用できない決定的な事実があり、これが立証できるならば、この調書・データをもとに毅然と対処すべきです。

(iii) **法務局の活用**　相手方の会社の本店等の所在地を管轄する法務局で法人登記を確認することによって、商号、本店、事業目的、資本金、設立の年月日、役員、代表者の住所および氏名等が分かり、相手方の基礎的な概要を知ることができます。

相手方の持っている資産、金融機関等の債権者に対する担保設定状況を調査すれば、相手方の信用判断の重要な材料となります。そこで、相手方の会社の本店や営業所、工場の所在地や、相手方の会社の代表者の住所地、その他関係所在地を管轄する法務局で、土地・建物の登記事項証明書を取り寄せれば、不動産などの登記状況を確認したり、資産価値、担保設定状態を把握することができます。これによって相手方の資産の権利関係がどうなっているのかが分かると同時に、担保設定状況によって、相手方の信用状態を読み取ることができます。

ⅳ　経営分析、資産・負債の確実な把握　相手方の経営内容を把握するためには、経営分析をすることが一番重要です。相手方から貸借対照表・損益計算書といった財務諸表を入手できるのであれば、それによって、経営分析することができます。できれば、期近の決算期の一期分だけでなく、連続二～三期分を入手して、経営の推移を見るのがよいでしょう。

しかし、相手方によっては、取引の立場上、財務諸表を入手できないこともあります。相手方が上場会社等であれば、インターネットで有価証券報告書を入手することができるので問題はありませんが、そうでなければ、信用調査機関等経由で、財務諸表を入手するしかありません。この場合には、どこまで信頼性があるか不明です。たとえ財務諸表を入手しても、粉飾されているおそれもありますから、これを見抜く能力が必要とされます。

また、財務諸表では、現状より情報が遅れていることが多く、特に相手方が資金的に困っている様子であれば、現在の資金繰表を入手し、当面の資金繰りを確認することも重要です。場合によっては、法人税の税務申告書の控えを取得し、現状を把握する材料にするのもよいでしょう。

財務諸表による経営分析の方法としては、流動比率、固定比率等といった財務指標を出して、業界での平均的な数字と比べてどうか、従来の数字と比較してどうか、ベースとなる数字に粉飾や誤りがないかなどをチェックポイントとして、経営内容を判断します。

貸借対照表を見る場合には、特に、商品在庫、仮払金、前受金、繰延税金資産等が異常に多くないか、売掛金が商品の売上高に比べて異常に増えていないか、買掛金と比べて売掛金が少なくはないか、借入金が年商に比べて多くはないか、売掛金や貸付金等の債権が固定していないか、回収不能になっていないか、固定資産の減価償却を行っているのかなどのポイントがあります。

さらに、含み資産、含み益、含み損についてもチェックすべきです。簿外の債務保証がいくらあるのか、受取手形のうち金融機関等に割引等のために譲渡した手形がいくらあり、これが不渡りにならないのかもよく確認してください。

(v) 営業担当者の肌で感じる調査　相手方に関する信用情報については、営業担当者が一番よく知っているはずです。相手方が倒産したり、トラブルが起こったりすれば、一番困るのは営業担当者であるからです。

他方で、営業担当者は、相手方を信用しているからこそ契約するのであり、特に長年取引をしている相手方に対しては信用不安を考えたくないのが心情です。しかし、営業担当者は、相手方に対して良い意味での疑問を持ち、相手方との日頃の付き合いから微妙な変化や兆候を感じ取ることが必要です。そのためには、相手方とたえず接触しておかなければなりません。これは、単に信用上の問題だけでなく、取引上、商売上も必要です。

相手方が中小企業の場合には、代表者との接触が必要になります。営業の第一線ではもちろん、代表者に対しても取引の内容、相手方の状況等に合わせて、営業担当の上司にも接触してもらい、営業担当者だけの判断に委ねないようにします。

ⅵ　その他のチェックポイント

「企業は人なり」と言われますが、会社はそこで働く人によって成り立っています。つまり、会社にとって、一番重要な財産が役員や従業員です。役員や従業員が優秀で能力があれば、まさに企業の力となって、信用を得られるでしょう。取引先を見る場合には、取引先の役員や従業員の能力、資質、人となりをよく観察するべきです。取引先が中小企業の場合には、何といっても代表者をよく知ることが重要です。

次に大切なことは、取引先の役員や従業員が一丸となって、仕事に取り組んでいるかどうか、やる気が見られるかどうかが重要になります。バブル経済の下にあっては、多くの金融機関が取引先に対して、人よりも物に重点をおいて与信をしたために、物（不動産、株式等）の価値が大きく下落した結果、たいへんな焦付債権をつくることになりました。もちろん会社にとっては、資産を持っていることが信用につながることは当然ですが、人を観察することをおろそかにしてはいけないということです。

それから、会社にとっては、信用のできる取引先と多くの取引や付き合いをしていることや、金融機関に信頼されていることが重要になります。取引先が良ければ、それだけその会社が信用されていることになります。焦付債権の発生も少ないといえます。

取引先を見る時に、もう一つ重要なことは、その会社の現状だけでなく将来性を判断することです。それには、その会社だけでなく、子会社や関係会社も含めなければなりません。取引先との短期的な取引なら別として、長期的な取引を考える場合には、この点を忘れてはいけません。

② 与信の設定

取引先の信用状態をチェックした結果、それでは、取引先に対してどのような考え方をもって与信（取引限度額）を設定すればよいのでしょうか。

営業部としては、審査部等と意見を十分に交換し、疑問点を解決した上で、与信を設定することが重要になります。また、取引先については、あらかじめランク付けをしておくと便利です。つまり、この取引先については、倒産のおそれが全くないからAランクとか、あの取引先については、少なくとも一億円の与信をしても大丈夫であるからBランクといった決め方です。

与信設定については、社内ではルールを作ることが必要ですし、稟議制度を利用することも必要でしょう。与信設定の対象取引については、貸倒債権発生やクレーム債権発生の可能性がある取引ということになり、継続的な取引が前提になります。

また、与信設定で大事なことは、会社として、もし取引先に対して焦付債権発生となった場合でも、会社の体力からいって、例えば少なくとも五千万円なら問題はないとか、もしあの取引先が倒産しても、一千万円までならば授業料・勉強代と考えようというような判断をしておくことです。このような判断を踏まえて、与信を設定すればよいと思います。

与信については、いったん設定したらいつまでも変えないというのは間違いであり、経済情勢の変化、取引先の信用状態の変化、取引状況の変化などを見て、与信金額を変更することが必要です。信用度については、少なくとも一年ごとに見直していくのがよいと思います。

⑷ 取引内容の反映

企業間の取引契約は基本的にパワーゲームです。自社と相手方の強み・弱みを把握したうえで、自社になるべく有利な条件を勝ち取っていくことになります。通常の企業間では、どちらかの当事者が一方的に強い立場で契約を締結できることはありません。相互に譲歩し合って合意に至ることになりますが、譲れる点と譲れない点は交渉前に社内で明確にしておく必要があります。

また、合理的な理由なく一方当事者に有利すぎる合意をすると、独占禁止法の優越的地位の濫用に当たり違法となるおそれが出てきます。そこまで行かない場合であっても、相手方が守れないような過度な義務を課してしまうと、契約違反や紛争を誘発することにもなりかねません。契約後の取引で信頼関係を維持する上でも、相互に利益があるように合理的な内容で合意することが重要です。相手方への配慮やバランス感覚が求められることになります。

契約書の作成においては、取引の目的と実態を確認し、正確に反映することが重要です。

物やサービスに関する有償契約においては、物やサービスの流れと対価であるお金の流れはきちんと確認する必要があります。ビジネスでは業務委託契約がよく使われますが、請負なのか準委任なのかに注意しながら、業務の具体的内容、成果物の内容・権利帰属、対価の決め方・支払時期などを明記する必要があります。架空取引、循環取引、システム開発紛争などの契約トラブルは後を絶ちませんが、日ごろからこのような基本的な事項の確認をしっかり行うことによってリスクを管理すべきです。

日本語の文章は主語がはっきりしないことがあるため、契約条項を作る際に誰が義務を負うのか、誰が権利を有するのかを常に意識しながらドラフトするようにしましょう。また、二〇二一年四月から適用されている「収益認識に関する会計基準」への対応にも留意すべきです。

ここでは、商品の売買契約を例にとってポイントを見ていきます。

① 商品の内容

対象となる商品がどのようなものかを確認し、明確に特定します。品名、数量、品質等を後日紛争にならないように一義的に明記すべきです。特に品質については問題になりやすい事項です。

② 取引額

対象となる商品の単価・数量や、継続的な取引の場合は年間または月間取引額についても確認します。その大小によって、どの程度詳細な契約書にするか、どこまでのリスクを取るか、担保や保証を取るかなどが変わってきます。特に、年間売り上げなどについて達成義務や目標が定められている場合は、その金額の妥当性について現場と認識をあわせることになります。また、対価の決め方、支払時期、支払方法、税金の負担についても明記します。

③ 商品の引渡し

商品次第で引渡しや検査の方法も違ってきます。一般に引渡しまたは検収により商品の所有権や危険負担が売主から買主に移転するので、引渡しや検収の規定の仕方が重要になります。引渡しの時期、方法や、検収の期間、方法、合格基準などを明確に規定すべきです。

④ 契約不適合責任

商品の種類、品質または数量に関して契約の内容に適合しないものであるときの責任（契約不適合責任）については、売主がどこまで責任を負うかを、慎重に決める必要があります。民法上は、買主に追完請求権、代金減額請求権、損害賠償請求権、解除権が認められています。民法や商法上の契約不適合責任とは異なる内容を規定することもよくあります。消費者に商品が販売されない企業間だけの取引であっても、その商品がどのような目的で使われ、財産的あるいはレピュテーション上の損害がどこまで拡大するかを検討しておくべきです。

⑤ 規制の有無

締結しようとしている契約に関して公的な規制がないかも事前に確認すべきです。消費者保護法、独占禁止法、下請法など、契約内容によって強行法規が定められていて、それに反した場合は当該条項または契約自体が無効になるおそれがあります。製薬、金融、放送・通信等の規制業種の場合、法令上の規制に加え監督官庁からガイドライン等による指導がある場合もあり、あわせて検討すべきです。

⑥ 終了時の手当て

契約書は、取引がうまく行っている時にはほとんど確認する必要はありません。契約書を見直す必要が生じるのは、契約違反があったときや、契約終了時に生じる権利義務が問題になるときです。しかし、国内取引の多くの契約書は、一般的な解除条項や終了時の権利義務を定めているだけで、問題解決の基準になっていません。取引の実態に合わせて、解除事由や解除の効果などをなるべく具体的に考えて、契約条項に反映することが重要になります。損害額の立証が難しい案件では損害賠償額の予定を定める、多額の損害賠償請求を避けるためには損害額の上限を設けるなども検討すべきです。なお、継続的売買の終了については判例上一定の制限があります。

紛争が生じたのちに裁判で解決するのは時間も費用もかかります(第Ⅷ章4節参照)。紛争にならないような契約、紛争になったとしても自社の損害を最小限に抑えることができる契約を締結するように努めましょう。

COFFEE BREAK

電子契約の普及

電子契約とは、インターネット等を用いて締結し、合意の証拠として書面ではなく電子データを作成するものです。業務のデジタル化やテレワークが進む中で、電子契約は急速に進む可能性があります。電子契約のメリットとしては、主に以下のような点が挙げられます。

・契約締結から保管までの業務効率の向上
・印紙税、紙代、人件費等の経費削減
・システム管理によるコンプライアンスの強化

電子契約では、書面に記名押印する代わりに電子署名が利用されます。電子署名は、大きく分けて、当事者が認証局から電子証明書を取得して署名する「当事者型」と、当事者の代わりに契約サービス会社が電子証明書を取得して署名する「立会人型」とがあります。後者の方が簡単なのでよく使われていますが、有効性については裁判例がなく解釈の余地があります。政府が公表した電子契約サービスに関するQ&Aにおいて、一定の条件を満たせば、立会人型も当事者型と同様に考えられるとされています。

電子署名は、印鑑と同様に、文書の重要性に応じて使い分けが必要でしょう。法律上、定期賃貸借契約、労働者派遣の個別契約など書面により締結することが必要な契約もあります。その他にも、電子契約には社内システムとの整合性、導入コスト、署名権限の確認プロセスなど、クリアすべきハードルがありますが、広く導入が進むにつれ、メリットの方が大きくなっていくと思われます。

電子契約の保管方法については、電子帳簿保存法に留意すべきです。また、電子商取引（Eコマース）全般については、「電子商取引及び情報財取引等に関する準則」（2020年8月改訂）が参考になります。

2—外国との取引に関する法律

(1) 国ごとに異なる法律

グローバル競争が進む中で、日本の多くの会社は外国の会社と取引を行い、完全子会社、合弁会社、支店、駐在員事務所という形で外国に進出しています。さらに進んで本社を外国に移す会社もあり、外国と多くのかかわり合いを持ち、海外で資産を保有しています。

日本の会社が海外進出や国際取引を行う場合に、まず必要になるのはその国の法律の概要を知ることです。どこの国でも基本的な常識は通用しますが、言語をはじめ、宗教や商慣習など日本とは全く異なる国も多くあります。ましてや、法律については国ごとに大きく異なりますから、それぞれの国の法律や制度の特色を知る必要があります。

また、米国のように国（連邦）として統一された法律があるものの、商取引に関してはほとんどを州に委ねている国の場合は、各州の法律を知る必要があります。米国の裁判制度には、ディスカバリー、陪審制、クラスアクション、懲罰的損害賠償など日本の制度とは大きく異なる特徴があります。アジア新興国の中には、法律と実際の運用が大きく乖離している国もあります。

このように、外国法についても基礎的な知識があれば望ましいものの、日本にいて専門家になることは不可能です。当該国の実務に詳しい信頼できる弁護士を見つけることが必要です。すでに現地の弁護士と顧問契約するなどして業務を依頼している場合には問題はありませんが、今まで全く関係がなかった国については、どのように見つけるかをよく考える必要があります。

一つは、その国の法律実務に詳しく、現地の弁護士など法律実務家と人脈を持っている日本の弁護士に相談をして適当な人を紹介してもらう方法です。もう一つは、その国の弁護士に詳しい会社の現地のスタッフ、取引先、知人から教えてもらう方法です。そのような弁護士の紹介を受けた場合には、その弁護士が会社のニーズに合った実務能力を持っているかどうかをよく見極める必要があります。また、日本の大手法律事務所の中には、欧米・アジアなどにオフィスを有し、日本の弁護士を駐在させているところもあるので、それを活用するのもよいでしょう。もっとも、法律問題については、すべて弁護士など専門家に任せきりにするのではなく、法律実務を通じて会社も法律知識を増やしていくことが必要です。

⑵ 外国の取引先との契約

外国の取引先との契約には、多くの場合、英文契約書を作成します。英語圏以外でも英文契約書が作成されることが多いのは、やはり英語がビジネスの世界では共通語であるからです。

契約書が英文であるからといって英米法に基づいているとは限りませんが、契約書の中で使用される英語の語句はどうしても英米法特有の言い回しを使用していることが多く、まず英米法に対する理解が必要でしょう。また、日本の会社は米国とのかかわりが深いので、この点から特に米国特有の法律的なものの考え方について学んでおくのはよいことです。近年、日本国内の契約書であっても英米法的な表現を用いている例もあり、例えば「表明および保証」(Representation and Warranty)、「補償」(Indemnification)、「誓約」(Covenant)などがあります。

ここでは、英米法と日本法を比較しながら、契約に関して説明します。

日本法では、契約当事者の間で契約条件について合意すれば、口頭であっても契約は成立し、簡単な書面しか作成しないこともありますが、英米法においては、重要な契約については基本的に詳細な契約書を作成します。もっとも、日本でもビジネス社会においては重要な契約については、契約書などの書面を作成しているのが実態です。

また、契約交渉の開始時には、通常、秘密保持契約(NDAまたはCA)を結んだ上で情報を開示します。交渉の過程で、契約条件について基本的には実務上の合意に達しているが、細目の条件が詰まっていないような場合には、契約当事者間で何らかの合意書を取り交わしておくという場合があります。これは、最終的に契約を締結する前の予備的な合意で、レター・オブ・インテント(LOI)またはメモランダム・オブ・アンダースタンディング(MOU)と呼びます。原則として法的拘束力を持たないものの、後の交渉で事実上縛られることがあるので、内容をよく確認することが必要です。もちろん、法的拘束力を持たないという明確な規定を入れておくべきですが、独占交渉権など一部の条項に法的拘束力を持たすこともあります。

英米法では、契約において、日本ではなじみのないConsideration（約因）という表現を使う点に注意を要します。契約に法的義務を生じさせ、裁判上強制可能なものとするための要件の一つとしてこの約因があります。約因とはいわゆる対価であり、契約を締結するために約束の見返りに何らかの対価を必要としているという考え方です。契約を締結するにあたり、契約書上で形式的にせよしかるべき対価を提供するという方式をとることがよくあります。また、英国などでは、penalty（違約罰）は無効とされるおそれがあるので、Liquidated Damage（損害賠償額の予定）が規定されます。英国では、無償で物品を提供するような契約については、さらにDeed（捺印証書）を必要とします（いわゆる署名・捺印を必要とする契約書）。

相手方の提示する契約条項は、相手方に一方的有利になっていることも多いので、簡単に信用せず、自社の主張や対案を検討し交渉すべきです。外国企業との交渉は一種のゲームと考えて、自社のカードを切るタイミングや、ブラフに負けないことも大切です。

(3) 英文契約書における主な留意点

英文契約書においても、本章1節で述べた契約書に関する法律知識の多くが共通しますが、特に気をつけるべき実務上のポイントは次のとおりです。

①正しい法律英語を使うこと

英文契約書を、日本人的発想で作成することは危険です。英語のできる日本人の考え方で作成するのではなく、英語圏の国の契約書作成に精通した人の知見を取り入れるべきです。

日本人が中心となって英文契約書を作成する時には、よほどの英語の達人でない限り、まず日本語で契約書の構成や契約書に織り込むべき内容について考えるでしょう。これは大切なことで、少し英語ができるからといって英語ですべて考えてしまうのは危険です。やはり、日本語で確実に内容を把握した上で、英文契約書としてどのように構成していくかを考えるべきです。

また、日本で実務を行う以上は、いくら頑張っても外国の法律に精通することは困難です。まず、日本法ではどのように考え、契約上はこう規定すべきということを押さえた上で、契約の相手方の国ではどのように解釈され、取り扱われるかを調べるべきです。つまり、英文契約書を作成する際には、英語力に加えて、日本の法律と契約実務をよく知っておくことが必要なのです。

日本文を英文に翻訳する、英文を日本文に翻訳する場合に、正確に翻訳されているかどうかをよく確認することです。特に、契約書を英文と日本文の両方で作成する場合には、どちらかを正文として規定しておかないとトラブルが起こる可能性があります。もし日英両方の契約書を作成するなら、日本の会社としては、日本文を正文の契約書としたいところです。

② 準拠法

契約書を作成する場合、どこの国の法律に準拠するのかが重要です。

例えば、契約の相手方が米国のオレゴン州にある会社の場合、準拠法をオレゴン州法とすれば、オレゴン州の法律をよく知らなければならないというハンディを背負うことになります。そのため、オレゴン州法に詳しい弁護士を見つける必要があり、手間だけでなく弁護士費用もかさみます。ですから、日本の会社は、できる限り日本法を準拠法とすべきです。ただし、どちらを準拠法にするにしても、準拠法によって解釈が異ならないよう明確に条項を規定することが重要です。

また、契約に基づいて日本法を準拠法として契約履行を強制しようとする場合に、労働者保護や消費者保護などの観点で相手方国の法律が強制適用されることがあるので要注意です。契約の対象物が相手方国に所在する不動産、知的財産権等であれば、実務手続上、相手方国の法律に準拠せざるを得ません。

準拠法を定めない場合には、日本では、法の適用に関する通則法に従って適用される法律が決められます。しかし、相手方国で紛争が生じた場合に、相手方国の法律の解釈、裁判官や仲裁人によって準拠法がどう判断されるかは不明ですから、契約書で決めておくべきです。

③ 仲裁の合意

一般的に国際取引では、裁判には時間がかかり、それだけ弁護士費用も高くつく、裁判官の専門性が低く正しく判断されるか不安である、強制執行が難しいなどを理由に、契約当事者が合意して仲裁手続で紛争解決を行います。ただし、仲裁機関や仲裁事案によっては、仲裁判断に至るまでに時間がかかり、仲裁人の報酬など高額な費用を要します。手続きが厳格でなく、上訴できないため、結果として思うような判断が得られないケースもあり、注意が必要です。

仲裁の合意をするには、仲裁機関と仲裁地の選定、仲裁人の選任の仕方、外国の仲裁判断の効力や執行は認められるのかなどの点について調査をしておくことが必要です。仲裁の場合は、ニューヨーク条約の締結国であれば、裁判と違って相手方国で強制執行が可能です。日本の会社としては、実務的には日本のビジネスに精通した仲裁機関（日本商事仲裁協会）で、仲裁地を東京、言語を日本語とするといったことを要求すべきです。相手方が同意しない場合は、実績が多く利用しやすいシンガポール、ロンドンなどの第三国の仲裁機関にすることも検討すべきです。

④ 契約違反に関する条項等

外国の相手方が、契約違反・債務不履行を起こすことはよくあります。まさにこれが紛争の一番の原因となるべき事項ですが、どういった場合が契約違反や債務不履行になり、その場合に当然に契約解除ができるのか、解除のための予告期間が必要なのか、正当な契約解除として認められるのか、損害賠償請求はどうするのか、損害金の基準を定めるべきなのか、相手方の期限の利益を失わせることができるのかなどについて、準拠法に基づき確認しておく必要があります。いずれにしても、契約違反条項とともに違約金、遅延損害金などのペナルティ条項を入れておくことが実務的には重要です。

⑤ 不可抗力条項

契約には、天災地変、戦争等の不可抗力事由によって、どうしても契約履行ができない場合があります。その場合、履行義務者を免責としておかないと大変な損害を一方的に被るおそれがあります。不可抗力条項では、どのような場合を不可抗力事由というのか（例えば、労働争議を含むのか、コロナのような疫病はどの範囲で該当するのかなど）を明確にしておくべきです。契約上、置かれた立場をよく考え、どのように有利な形で不可抗力条項を入れるかを考えましょう。また、不可抗力事由が発生した時に、契約を終了させるのか、ある程度の猶予期間をもって契約を続行させるのかなど、各取引内容に応じた契約条項の取り決めをしておくべきです。

⑥ 完全合意条項

契約締結に至るまでの交渉過程において、口頭や書面によるいろいろなやりとりが行われることがあります。契約締結前になされた約束事項と契約書で合意された条項とが異なることもよくあります。そのままの状態では、トラブルのおそれがあるので、契約書の中に、「本契約締結以前になされたいかなる口頭もしくは書面による合意も失効する」などの完全合意条項を入れます。つまり、この契約書が当事者間で合意された完全に有効な唯一のものといった意味で使われます。

⑦ 取引条件を網羅すること

契約当事者が日本の会社・日本人同士であれば、詳細な事項を網羅した膨大な契約書を作成することは一般的ではありません。日本人同士であれば、契約書に記載していなくても準拠法が日本法である限り、法律や慣習等が十分に補ってくれるということと、ある程度のことは話し合いで解決できるという考え方に基づくものであると思われます。

ところが、外国人・外国企業を契約の相手方にする場合に、日本の法律が適用されるとは限りませんし、日本人と考え方が大きく異なることも多いため、日本人から見て法律的にも慣習的にも当然のことであったとしても、契約書に明確に記載しておくことが必要になります。法律の条文を見なくても、必要なことはすべて記載されている契約書が理想です。ですから、もしトラブルが生じても、相手方に、契約書のこの条項に書いてあるから相手方が契約違反であると主張できるように、様々なケースを想定して契約書を作らなければなりません。

⑷ その他の取引上の留意事項

国際取引においては、自国と相手方国の輸出入規制や為替規制にも注意が必要です。外国企業との契約で、日本企業がよく巻き込まれるトラブルには、ダンピング（正常価格よりも安い価格で輸出すること）、談合、カルテルなど外国の独占禁止法に抵触する問題があります。さらには、外国の著作権・特許権侵害、個人情報保護法違反、製造物責任、贈収賄などの問題も生じています。特に贈収賄については世界的に規制が強化されており、現地の法律に違反しないことはもちろん、外国公務員等に関する贈収賄を規制する日本の不正競争防止法（二〇二四年四月一日より法定刑の引き上げと処罰範囲の拡大が行われる）、英国贈収賄禁止法（ＵＫＢＡ）、米国連邦海外腐敗行為防止法（ＦＣＰＡ）等にも注意が必要になります（域外適用あり）。

⑸ ウィーン売買条約とインコタームズ

① ウィーン売買条約

国際売買契約における法統一について規定した国連条約として、ウィーン売買条約（ＣＩＳＧ）があります。日本を含む九七カ国（二〇二三年現在）が加盟しています。条約締結国間の企業間においては、適用対象になる国際物品売買について自動的にこの条約の規定が適用されます。世界各国で多くの裁判例も出ているので留意する必要があります。

もっとも、当事者間で条約の内容と異なる合意をした場合は、その合意のほうが優先します。条約の内容をよく理解した上で、適用除外したい条項については、売買契約の中で明確に排除しておくべきです。

② インコタームズ

貿易取引に関与する場合には、一般的商慣習上の取引条件について定めたインコタームズ（Incoterms）についても理解する必要があります。国際商業会議所（ＩＣＣ）が制定したもので、二〇二〇年版が直近のものになります。インコタームズは、物品の引渡し場所や費用負担の種類によって取引条件の類型が定められており、それぞれに引渡し条件、売主負担の費用の範囲、物品の危険負担の移転時期などが規定されています。インコタームズを採用するかどうかは当事者の任意ですが、実務上ほとんどの貿易取引に利用されています。

貿易取引の決済手段としては、信用状（Ｌ／Ｃ）がよく使われています。これは、輸入者の取引銀行が、輸出者または買取銀行などに対して代金の支払いを約束する書状のことであり、国際商業会議所が制定した信用状統一規則（ＵＣＰ５００）が適用されます。

このように、外国企業との取引にはさまざまな国際的な取り決めがあり、専門的な知識と経験が求められます。これからの時代は中小企業であってもいつ国際取引が必要になっても不思議ではありません。企業法務に携わる者としても、日本の国内取引に関する法律実務の基礎を固めた上で、国際取引についても積極的に学ぶ姿勢が重要といえます。

COFFEE BREAK

経済安全保障への対応

米中間の貿易摩擦、新型コロナウイルス感染症、ロシアによるウクライナ侵攻、イスラエルとハマスの軍事衝突等を背景に、国内外において経済安全保障への関心が高まっています。

このような状況の中、「経済施策を一体的に講ずることによる安全保障の確保の推進に関する法律」（以下「経済安全保障推進法」という。）は、2022年5月18日に公布され、公布から2年以内に段階的に施行されます。

経済安全保障推進法では、以下の4つの目的のための制度が新たに創設されました。

①重要物資の安定的な供給の確保
②基幹インフラ役務の安定的な提供の確保
③先端的な重要技術の開発支援
④特許出願の非公開

経済安全保障の分野においては、従来から外国為替及び外国貿易法、関税法等による輸出規制、対内投資規制等が存在しましたが、経済安全保障推進法は、潜在的に対象となり得る分野が広範なものとなっています。このため、上記4つの制度のいずれについても、各制度の自社の事業への適用の有無を検討し、適用される制度が存在する場合には、そこで想定される手続きの実施が求められます。この機会に、自社のリスクと課題を洗い出し、サプライチェーンの強化、サイバーセキュリティ対策などサステナビリティ確保のために必要な施策を検討しましょう。

3―独占禁止法・下請法・不正競争防止法

独占禁止法（正式名称は「私的独占の禁止及び公正取引の確保に関する法律」）は、私的独占、不当な取引制限を禁止し、事業支配力の過度の集中を防止して、結合、協定等の方法による生産、販売、価格、技術等の不当な制限、その他一切の事業活動の不当な拘束を排除することにより、公正かつ自由な競争を促進し、事業者の創意を発揮させ、事業活動を盛んにし、一般消費者の利益を確保することを目的としています。つまり、企業の公正で自由な競争を促進しつつ、一般消費者、中小企業の保護等を図り、国民経済の健全な発達を目指すものです。

下請法（正式名称は「下請代金支払遅延等防止法」）は、親事業者と下請事業者との間の取引を公正にし、下請事業者の利益を保護することを内容とする法律で、親事業者による受領拒否、下請代金の支払遅延・減額、返品、買いたたき等の行為を規制しています。

不正競争防止法は、民法（不法行為法）と知的財産法に関連して事業者の営業上の利益保護を図るとともに、独占禁止法と関連して不正競争の防止を通じて公正な競争の確保を図り、これに関する国際約束の的確な実施を確保するための法律です。

(1) 独占禁止法

① 私的独占の禁止

私的独占には、「排除型私的独占」と「支配型私的独占」とがあり、独占禁止法三条前段により禁止されています。

「排除型私的独占」は、事業者が単独または他の事業者と共同して、不当な低価格販売などの手段を用いて、競争相手を市場から排除したり、新規参入者を妨害して市場を独占しようとする行為です。

「支配型私的独占」は、事業者が単独または他の事業者と共同して、株式取得などにより、他の事業者の事業活動に制約を与えて、市場を支配しようとする行為です。

私的独占に該当する行為をした場合は、公正取引委員会（「公取委」）により、排除措置命令や課徴金納付命令が出される場合があります。また、刑事罰を受ける場合もあります。

② 不当な取引制限の禁止

不当な取引制限に該当する行為には、「カルテル」と「入札談合」があり、独占禁止法三条後段で禁止されています。

「カルテル」は、事業者が、他の事業者と共同して、相互に連絡を取り合い、本来、各事業者が自主的に決めるべき商品の価格や販売・生産数量などを取り決める行為です。「共同して」といえるためには、事業者間で何らかの「意思の連絡」が必要ですが、この意思の連絡は、明示の合意だけでなく、例えばお互い相手方の価格の引き上げ行為を認識して暗黙のうちに認容する場合（黙示の意思の連絡）も含みます。現実に価格カルテルの合意文書が残されていることは少なく、「意思の連絡」の立証は困難とされています。そこで多くの場合は、事前の連絡の事実、情報交換の内容、その後の行為の一致等の間接事実から「意思の連絡」を推認する手法が採られます。

「入札談合」は、国や地方公共団体などの公共工事や物品の公共調達に関する入札に際し、事前に、受注事業者や受注金額などを決めてしまう行為です。入札談合の多くは、受注予定者を決定する基本のルール（基本合意）の成立を前提として、その後の個別調整行為により、受注者を決定するケースです。入札談合のうち、発注者側職員が加担する場合を特に「官製談合」と呼ぶことがあります。

カルテルや入札談合をした場合は、公取委より排除措置命令や課徴金納付命令が出される場合があります。また、刑事罰を受ける場合もあり、企業のレピュテーションにも大きな悪影響が出ます。さらに、刑法犯として談合罪に該当する場合もあります。

③ **事業者団体の規制**

独占禁止法が規制している行為の対象者は、市場において事業活動を行っている事業者だけでなく、二以上の事業者で構成される社団や財団、組合等の事業者団体も対象となります。事業者団体の活動として、事業者団体による競争の実質的な制限、事業者の数の制限、構成事業者の機能または活動の不当な制限、事業者に不公正な取引方法をさせる行為等をすることが独占禁止法八条により禁止されています。違反した場合は、公取委より排除措置命令や行為によっては課徴金納付命令が課される場合があります。また、私的独占や不当な取引制限を行った会社やその担当者が刑事罰を受ける場合もあります。

④ 企業結合規制

株式取得や合併等の企業結合により、それまで独立して活動を行っていた企業間に結合関係が生まれます。このような企業結合を行った会社グループが単独で、または他の会社と協調的行動を取ることによって、一定の取引分野において、ある程度自由に市場における価格、供給数量などを左右することができるようになる場合（「競争を実質的に制限することとなる場合」）には、そのような企業結合が禁止されます。違反に対しては、公取委より排除措置命令が出される場合があります。

企業結合規制違反に該当するかについては、「企業結合審査に関する独占禁止法の運用指針」（「企業結合ガイドライン」）に、「一定の取引分野」の考え方や「競争を実質的に制限することとなる場合」の考え方が記載されています。特に、「競争を実質的に制限することとなる場合」か否かは、「ハーフィンダール・ハーシュマン指数」（ＨＨＩ）が重要な指標となります。ＨＨＩとは、各事業者の市場シェアの数字を二乗したものの総和をいいます。企業結合ガイドラインでは、HHIが一定の基準を下回る場合には、競争を実質的に制限することとなるとは通常考えられないとされています。

会社による株式取得、合併、新設分割、吸収分割、事業譲受といった企業結合を行う場合、公取委に事前に届け出る必要があり、届出受理の日から三〇日を経過するまでは合併等の当該行為を行うことは禁止されます。この三〇日の期間は「待機期間」と呼ばれています。会社に届出義務が発生するかは、ある会社が属する「企業結合集団」(その会社の子会社や親会社等を含む)の「国内売上高合計額」が基準とされます。

⑤ 不公正な取引方法の禁止

事業者は、不公正な取引方法を用いてはならないとされています。違反した場合は、公取委より排除措置命令が出される場合があり、特に「共同の取引拒絶」「差別対価」「不当廉売」「再販売価格の拘束」および「優越的地位の濫用」に該当する行為は、一定の場合に課徴金納付命令が出される場合があるので注意が必要です。また、不公正な取引方法に該当する行為により著しく損害を受けた消費者や他の事業者は、裁判所に対して差止請求訴訟を提起することが可能です。

不公正な取引方法のうちよく問題になるのは、次のような行為です。

(i) **取引拒絶**　正当な理由がないのに、自己と競争関係にある他の事業者と共同して、ある事業者に対して取引を拒絶したり、商品の数量を制限する行為（共同の取引拒絶）、および、不当に、ある事業者に対して取引を拒絶したり、商品の数量を制限する行為をさせること（その他の取引拒絶）

(ii) **差別対価**　不当に、地域または相手方によって差別的な対価を設定し、商品を販売すること

(iii) **不当廉売**　正当な理由がないのに、商品をその供給に要する費用を著しく下回る対価（例えば、仕入価格を下回る対価）で継続して供給することによって、他の事業者の事業活動を困難にさせること

(iv) **抱き合わせ販売**　需要者に販売する際、不当に、その商品の販売と一緒に別の商品を併せて購入することを強制すること

(v) **再販売価格の拘束**　事業者（メーカー）の商品を購入する相手方（卸売業者）に対し、その販売する商品の販売価格を定めてこれを拘束すること、および、事業者（メーカー）が相手方（卸売業者）の販売する商品を購入する事業者（小売業者）の販売価格を定めて、相手方（卸売業者）を通じて事業者（小売業者）の販売価格の拘束を維持させること

(vi) **拘束条件付取引**　相手方の事業活動を不当に拘束する条件をつけて取引すること

(vii) **排他条件付取引**　不当に、相手方が競争者と取引しないことを条件として当該相手方と取引し、競争者の取引の機会を減少させるおそれがあること

(viii) **優越的地位の濫用**　自己の取引上の地位が相手方に優越していることを利用して、不当に、取引商品以外の商品を購入させたり、経済上の利益を提供させたり、相手方の従業員を不当に使用すること。どのような行為が優越的地位の濫用に該当するかについては、「優越的地位の濫用に関する独占禁止法上の考え方」（優越的地位の濫用に関するガイドライン）に考え方が記載されています（データ取引分野においては、本章7節(7)参照）。

⑥ ガイドラインとは

どのような行為が独占禁止法に違反するか、違反しないかについて、公取委は、様々なガイドラインを定め公表しています。抽象的な考え方に留まらず、過去の事例などを基にした具体例も多く記載されていますので、実際に取引行為等をするにあたり、独占禁止法に違反するかどうかを検討する際は、ガイドラインを確認することが重要です。ガイドラインには前記のガイドラインのほか、「流通・取引慣行に関する独占禁止法上の指針」「フランチャイズ・システムに関する独占禁止法上の考え方について」「共同研究開発に関する独占禁止法上の指針」「知的財産の利用に関する独占禁止法上の指針」等があります。

⑦ 課徴金について

課徴金とは、独占禁止法違反行為防止という行政目的を達成するため、行政庁が違反事業者等に対して課す金銭的不利益のことをいいます。公取委は、事業者または事業者団体が課徴金の対象となる独占禁止法違反行為を行っていた場合、当該違反事業者等に対して、課徴金を国庫に納付することを命じます（これを「課徴金納付命令」という）。

課徴金の対象行為は、不当な取引制限、支配型私的独占、排除型私的独占、共同の取引拒絶、差別対価、不当廉売、再販売価格の拘束および優越的地位の濫用です。

課徴金は、原則として「違反行為実行期間（最長で一〇年間）における対象商品の売上額または購入額×課徴金算定率」で算定されます。課徴金算定率は、事業者の業種（製造業等、小売業、卸売業）や中小企業に該当するかによって異なります。例えば、事業者が製造業者で中小企業に該当しない場合であれば、不当な取引制限に対しては一〇％、支配型私的独占に対しては一〇％、排除型私的独占に対しては六％、共同の取引拒絶、差別対価、不当廉売および再販売価格の拘束に対しては三％、優越的地位の濫用に対しては一％です。

⑧ 課徴金減免制度について

課徴金減免制度（リニエンシー制度）とは、不当な取引制限（カルテルや入札談合）に関与した事業者が、公取委に自主的に違反事実の報告と資料の提出をした場合、その提出した順位等により、課徴金が減額または免除される制度をいいます。調査開始前の減免率は申告順位一位は全額、二位以下は順位により五～二〇％であり、調査協力により最大四〇％減算になります。調査開始後の減免率は順位により五～一〇％であり、調査協力により最大二〇％減算になります。

また、グループ会社による共同申請は、単独で申請が行われたものとみなされ、共同申請したグループ会社は全て、申請順位について同一順位となります。

リニエンシー制度を利用せずにカルテルが摘発された場合、巨額の課徴金が課せられるおそれや、株主代表訴訟により役員の責任が問われるおそれがあります。また、近年は国際的なカルテル事件の摘発が相次いでおり、複数の国や地域で罰金を課せられることにより、その金額は莫大なものになる傾向があります。このように、カルテルが摘発された場合の会社にとってのインパクトは、近年ますます大きなものとなっています。

⑨ 事件処理手続

独占禁止法に違反する行為が行われている疑いがある場合(事件の端緒)、公取委は、事業者への立入検査などの任意調査または強制調査を実施します。公取委が一定の要件を満たすと認めた文書(調査に関する秘密のコミュニケーションの内容を記載した文書等)には、弁護士・依頼者間秘匿特権が認められています。調査の結果違反行為が認められると、公取委はその事業者に対し、排除措置命令や課徴金納付命令を課します。命令に不服がある事業者は、裁判所へ不服申立てをし、処分の当否を争うことになります。

また、独占禁止法違反の疑いのある事案について、公取委と事業者との間の合意により解決するための確約手続が設けられています。

⑩ 海外の競争法規制

米国、欧州、中国、韓国等海外における独占禁止法（競争法）にも要注意です。海外に現地法人を置く会社や海外に商品を輸出している会社は、海外での競争法に抵触するおそれがあります。例えば、カルテル行為が米国で行われ米国司法省により事件化された場合、会社に対しては罰金が、個人に対しては禁固刑が科せられる場合があります。このところ、日本企業が海外の独占禁止法に違反したとして、罰金や禁固刑が科せられる事例が増えており、特に、罰金は非常に高額となっています。さらに、米国では私人等から損害賠償請求訴訟も提起され、その額は損害額の三倍まで請求できるとされています。海外で事業を展開している会社は、海外の競争法にも十分注意して、違反行為をしないよう常に注意喚起することが肝要です。

(2) 下請法

① 下請法が適用される取引

下請法が適用される取引は、製造委託（規格やデザインを指定して物品の製造等を委託する取引）、修理委託（物品の修理を委託する取引）、情報成果物作成委託（プログラム、放送番組、商品デザインなどの情報成果物の作成を委託する取引）および役務提供委託（運送やビルメンテナンスなどのサービスの提供を委託する取引）の四つに大きく分かれます。

② 親事業者と下請事業者

下請法が適用される当事者は、次のように限定されています。

物品の製造委託・修理委託、プログラムの作成委託、運送・倉庫保管、情報処理に係る役務提供委託においては、その取引の当事者が、資本金三億円超の親事業者であり、かつ資本金三億円以下の下請事業者である場合、または、資本金一千万円超三億円以下の親事業者であり、かつ資本金一千万円以下の下請事業者である場合です。

また、プログラムの作成を除く情報成果物の作成委託、運送・保管、情報処理を除く役務提供委託においては、その取引の当事者が、資本金五千万円超の親事業者であり、かつ資本金五千万円以下の下請事業者である場合、または、資本金一千万円超五千万円以下の親事業者であり、かつ資本金一千万円以下の下請事業者である場合です。

③ 親事業者の義務

親事業者には、注文書等の書面交付義務、書類の作成・保存義務があります。これに違反した場合は、五〇万円以下の罰金を課せられる場合があります。また、親事業者には、下請代金の支払期日を定める義務、遅延利息の支払義務が課されています。これに違反した場合は、公取委から勧告がなされる場合があります。

④ 親事業者の禁止行為

親事業者は、受領拒否、下請代金の支払遅延、下請代金の減額、返品、買いたたき、物品の購入・利用強制、報復措置、有償支給原材料等の対価の早期決済、割引困難な手形の交付、不当な経済上の利益の提供要請、不当な給付内容の変更・やり直しが禁止されています。これに違反した場合は、公取委から勧告がなされる場合があります。勧告がなされた場合は、公取委により、親事業者名を含む事件の概要が公表される場合がありますので、下請法違反とならないよう契約内容や取引の実態をチェックすることが必要です。なお、「下請代金の支払手段」と題する通知では、下請代金の支払手段はできる限り現金であることが明記されています。

⑶ 不正競争防止法

① 不正競争

この法律で規制される不正競争の類型は多岐にわたりますが、次のとおり整理できます。

(a) 周知表示混合惹起行為

他人の商品等表示として需要者の間に広く認識されているもの（周知性）と同一または類似する表示を用いることによって、他人の商品または営業と混合を生じさせる行為

(b) 著名表示冒用行為

他人の著名な商品等表示と同一または類似する表示を、自己の商品または営業等の表示として用いる行為（著名性があれば混合を生じさせることは不要）

(c)商品形態模倣行為

他人の商品の形態を模倣した商品を譲渡し、貸し渡し、譲渡・貸し渡しのために展示し、輸出し、または輸入する行為（保護期間は商品の販売から3年。商品の機能上不可欠な形態は含まれない。二〇二四年四月一日よりデジタル空間における模倣行為も対象になる）

(d)営業秘密および限定提供データにかかる不正競争（第Ⅴ章4節(6)参照）

(e)技術的制限手段の無効化行為

影像・音の視聴やプログラムの実行または影像・音・プログラムの記録が営業上の技術手段で制限されているときに、その技術を無効にして視聴・実行・記録を可能とする機能を有する装置やプログラムを提供等する行為

(f)その他

ドメインの不正取得・使用、原産地等誤認惹起行為、競争者営業誹謗行為、代理人等商標無断使用

② 国際約束に基づく禁止行為

外国公務員等に対する贈賄、外国国旗・紋章等や国際機関の標章の不正使用が禁止されていま

す。

③ 救済方法

不正競争によって営業上の利益を侵害された者等は、その差止めや被った損害の賠償を請求でき、さらに営業上の信用を回復するために必要な措置を命ずるよう請求できます。一部の不正競争については、刑事罰が設けられたり、税関における水際措置が導入されたりしています。

4――許認可に関する法規制

会社が営む事業の中には、自由にこれを行わせると公共の秩序を害する等、社会全体の不利益を招く可能性のあるものがあります。例えば、電気やガスなど社会インフラを支える業界について、どの会社も自由に行うことができるとなると、過当競争のあまり粗悪なインフラを提供するなどの事態に陥りかねません。そのような事業については、行政的な目的から一律にこれを禁止し、一定の要件を充足した者についてのみ、その禁止を解除する措置等を行うことにより、その目的を達成しようとする制度のことを許認可制度といいます。

競争を促進し、経済を活性化するため、規制緩和が強く求められている今日においても、日本ではいまだ数多くの許認可が残されており、ときに会社の事業を大きく制限することがあります。

そのため、自分の会社が行っている事業がどのような許認可を取得しているか、新規事業を開始する場合にはどのような許認可が必要となるかを、十分に把握しておく必要があります。

許認可制度は、新規事業を開始する場合には足枷（あしかせ）となることがありますが、いったん取得すれば、他の業者の参入を拒んでくれる、会社の味方にもなり得ます。もっとも、許認可は、違法行為を行った場合などには取消しまたは営業禁止処分などの不利益を受ける可能性や、決算や変更事項の届出義務などもあるので、十分な配慮が必要です。

なお、国家戦略特別区域法による規制緩和を行う「国家戦略特区」や、産業競争力強化法によるあらかじめ規制の適用の有無を確認できる制度（グレーゾーン解消制度）が創設され、会社が新規事業に挑戦する際などに活用されています。

(1) 許認可の種類

許認可の種類はさまざまですが、規制の強弱に応じて、次のように分類することができます。

(a)一定の行為を包括的に禁止した上で、一定の要件を満たした者に対してのみ当該禁止を解除し、またはその行為を行う権利を与えるもの（許可、認可、免許など）

(b)一定の基準に基づく審査が行われ、当該基準を満たしている場合についてのみ行政府が証明書等を交付するもの（認定、確認、証明など）

(c)一定の事実を行政府に知らせることを義務づけるもので、行政府はその内容の形式的な面のみを審査して受理するもの（届出、提出、報告など）

これらのうち特に(a)の規制は事前の審査を伴う上、許認可を取得した後も一定の行為について規制を受ける例が少なくなく、会社が営む事業手法を大きく制限することがあります。

(2) 許認可が必要となる業態

どのような事業を営む際にどのような許認可が必要となるかは、その量が膨大であるのみならず、許認可制度の中には、その事業を営んでいる会社でなければ理解が難しい専門的な規制を含んでおり、他社の事業についてまでこれをフォローすることは極めて困難です。その上、許認可制度は政府の政策的判断などに影響され変更されることがあるため、注意が必要です。

例えば、典型的な事業と、当該事業を営む際に必要となりやすい主たる許認可について定めた法令としては、次のようなものがあります。

- 食品製造業……食品衛生法、食品表示法など
- 医薬品・健康食品製造業……医薬品医療機器等法（薬機法）、医師法、健康増進法など
- 飲食店業……食品衛生法、酒税法など
- 旅館・ホテル業……旅館業法、住宅宿泊事業法など

●金融業……銀行法、金融商品取引法、資金決済法、貸金業法、保険業法など

最近は、デジタル化やコロナ禍などにより、フィンテックやヘルスケア分野を中心に規制の見直しが進んでいます。特に、フィンテックのような新規ビジネスにおいては、気づかないところで金融商品取引法、資金決済法、貸金業法などの規制がかかり、事業の適法性が問題になることがあり、慎重な検討が必要です。

5―金融商品取引法

(1) 金融商品取引法に基づく規制の概要

金融商品取引法は、有価証券の取引やデリバティブ取引などの投資に関する横断的・包括的な規制を定める法律で、具体的には企業内容等の開示の制度を整備するとともに、金融商品取引業を行う者に関する必要な事項等を定めており、これにより資本市場の機能を確保することを目的としています。

企業法務を扱う者として、一般的に金融商品取引法において留意しなければならない事項は、企業内容等の開示に関する制度と、有価証券の取引等に関する規制です。もちろん、フィンテックとの関連もあり金融商品取引業に関する制度も重要ですが、特に上場会社などになじみが深い

のは、このような開示制度等であるといえます。その他にも、相場操縦の禁止、風説の流布・偽計取引なども問題になります。ここでは、金融商品取引法の定める開示制度と、有価証券の取引等に関する規制の代表例であるインサイダー取引について説明します。

(2) 開示に関する規制

金融商品取引法における情報開示制度(ディスクロージャー制度)は、主として上場会社等に対して課せられる規制です。金融商品取引法の目的の一つに資本市場の機能の十全な発揮というものがありますが、この「資本市場」は、企業等が有価証券を発行して資金を多数の投資者から直接調達する市場(発行市場)と、すでに発行された証券を投資者が売買する市場(流通市場)に分類されます。このような発行市場や流通市場の代表的なものとして、東京証券取引所などの金融商品取引所が開設する取引所金融商品市場があります。

資本市場においては、企業等により発行された有価証券を引き受けるべきか否か、売買されている有価証券を取得するか否かという投資者による投資判断が行われることとなります。しかし、こうした投資判断に際して、その有価証券や企業等に関する必要な情報が十分に開示されていなければ、投資者が不測の損害を被ってしまうおそれがありますし、そもそも投資者の自由な判断と責任での投資判断が行われないこととなります。企業から見ても、投資者からの資金調達を円滑に行うことが難しくなります。他方、国や政府が逐次企業を審査して適切な企業のみを選別するということも、その手間や費用を考えると現実的ではありません。

そこで、金融商品取引法は、多数の投資者により取引される有価証券については、投資判断に必要な情報を投資者のために開示させ、かつ、虚偽または不十分な開示が行われた場合のサンクションを定めることによって、投資者の自由な判断と責任での投資判断というものを確保しようとしているのです。また、上場会社等またはその役員等が、その業務に関して、取引関係者に公表されていない重要情報の伝達を行う場合には、原則としてその伝達と同時に、その重要情報を公表しなければならないとされています（フェア・ディスクロージャー・ルール）。

なお、金融商品取引法における開示に加え、上場会社の場合には、上場している金融商品取引所が定める規則に基づく情報の開示や、取引所からの照会への回答および関連事実の公表も求められています。この規則による情報の開示や公表は、タイムリー・ディスクロージャー（適時開示）といいます。これは、金融商品取引法に基づく法定開示だけでは投資判断のための情報として必ずしも十分ではないとの観点から、より網羅的かつ適時に一定の情報の開示を求めるものです。企業法務を扱う人間としては、両者の違いを十分に把握しておく必要があり、いずれも開示懈怠などがあってはなりません。

① 発行市場における開示（有価証券届出書等）

まず、金融商品取引法は、発行市場における開示規制を定めています。すなわち、多数の投資者を相手方とし、または多数の投資者に譲渡されるおそれがある有価証券の取得勧誘等が行われる場合には、その発行者に対して、有価証券届出書や目論見書等による情報開示を義務付けています。典型的な例を挙げて説明すると、上場会社等が増資による資金調達として、新株を発行しようとする場合などには、原則として、これらの有価証券届出書や目論見書により、その会社がどのような会社であるか、その発行される新株がどのような内容のものであるかを情報開示しなければならないこととされています。

これらの情報開示が必要になるのは、一定の要件を満たして新規発行証券を発行する場合（募集）や、一定の要件を満たしてすでに発行された有価証券を売り出そうとする場合（売出し）です。

ここでいう一定の要件はやや複雑ですが、まず、五〇名以上の者を相手方として株式等の有価証券の取得勧誘等を行う場合には、原則として募集に該当し、情報開示が必要となります。また、すでに発行された株式等の有価証券の取得勧誘等に関しても、同じく五〇名以上の者を相手方とすれば、原則として売出しに該当し、情報開示が必要となります。

これに対して、(a)相手方が五〇名以上となるか否かを問わず、適格機関投資家という有価証券に対する投資に係る専門的知識および経験を有する者のみを対象にし、かつ、適格機関投資家以外の者に譲渡されるおそれが少ない場合（適格機関投資家私募またはプロ私募）や、(b)同じく相手方が五〇名以上となるか否かを問わず、特定投資家のみを対象にし、かつ、金融商品取引業者等が委託を受けて取得勧誘等を行うなどの要件を満たす場合（特定投資家私募）、(c)相手方が五〇名未満となる場合であって、その後多数の者に所有されるおそれが少ない場合（少人数私募）は、募集や売出しに該当しません。しかし、上場株式などは流通性が高いため、勧誘される者の人数にかかわらず、原則として募集や売出しに該当することとされています。

有価証券届出書は、内閣総理大臣に提出することとされていますが、実際にはＥＤＩＮＥＴと呼ばれる電子開示システムを通じて行われます。そこで、募集または売出しの条件、手取金の使途、発行者または発行者グループの企業情報などが開示されます。ＥＤＩＮＥＴを通じて公衆縦覧された情報は、インターネットで閲覧することができます。有価証券届出書を提出した場合には、原則として一五日の待機期間が設けられ、当該待機期間を経過するまでの間は、投資者に対して有価証券を取得させ、または売り付けてはいけません。

また、募集または売出しにより有価証券を取得させ、または売り付ける場合には、有価証券届出書の提出に加えて、あらかじめまたは同時に目論見書を交付しなければなりません。目論見書の記載内容は、有価証券届出書の記載内容とおおむね同一です。

なお、募集または売出しに該当する場合であっても、発行金額が一億円未満である場合や、すでに有価証券報告書等（後述）で開示されている有価証券の売出しを行う場合などには、有価証券届出書の提出が免除され、有価証券通知書の提出で足りる場合もあります。

このあたりの規制は極めて複雑な枠組みとなっていますが、ひとまずは上場会社で新株を発行する場合などには、これらの情報開示が必要となる可能性があることに留意しておきましょう。

② **流通市場における開示（有価証券報告書等）**

次に、金融商品取引法は、流通市場で証券取引を行う投資者の投資判断に資するために、流通市場における開示として、さまざまな開示を求めています（継続開示）。

流通市場において企業に求められる開示書類は、主として有価証券報告書、四半期報告書、臨時報告書などです。どのような会社にこれらの開示が求められるかというと、まず(a)上場されている有価証券の発行者（典型的には上場会社）、次に(b)店頭売買有価証券等の発行者（現在はＪＡＳＤＡＱが取引所になったことにより該当なし）、さらに、(c)過去に募集または売出しにより有価証券届出書等の提出を求められた者、(d)事業年度末または前四事業年度末のいずれかにおいて株主等が千人以上である株式会社等がこれに該当します。

これらに該当する会社は、まず、事業年度ごとに、その終了後三カ月以内に、有価証券報告書を作成し、ＥＤＩＮＥＴにより内閣総理大臣に提出しなければなりません。ここで開示される内容は、企業の概況から、事業の状況、設備の状況、提出会社の状況（ここに株式等の状況や役員の状況、コーポレートガバナンスの状況等が含まれる）、経理の状況、提出会社の株式事務の概要、提出会社の参考情報など多岐にわたります。特に近年では、非財務情報の開示が重視され、経営方針、リスク情報、ガバナンス情報などが記載されます。ガバナンス情報については、年収一億円以上の役員報酬の個別開示も含まれます。さらに、サステナビリティ情報や人的資本情報の開示を求められるなど、有価証券報告書による開示も強化される傾向にあります。

また、有価証券報告書を提出しなければならない会社は、事業年度を三カ月ごとに区分し、その区分（四半期）終了後四五日以内に四半期報告書を提出しなければなりません。四半期報告書の記載内容は有価証券報告書と類似していますが、有価証券報告書よりもやや簡略化された記載内容となっています。なお、二〇二四年四月から、四半期報告書は廃止され、証券取引所規則に基づく決算短信に一本化されます。

さらに、有価証券報告書を提出しなければならない会社は、その提出と併せて内部統制報告書の提出が求められ、その会社に一定の重要な事項が発生したときは、臨時報告書の提出が義務づけられます。

③ 虚偽記載等に関する罰則

有価証券届出書等や有価証券報告書等について、重要な事項について虚偽の記載があり、または記載すべき重要な事項等が欠けている場合には、提出会社や取締役等に対して刑事罰が科されたり、株主等から損害賠償責任を追及されたりする可能性があります。このほか、提出会社については、課徴金納付命令が出されたり、金融商品取引所から上場廃止等の制裁を受けたりすることもあります。もちろん、信用失墜に起因してレピュテーション・リスクが顕在化することも十分に考えられます（後述する公開買付届出書等や大量保有報告書等についてもあてはまる）。

このように、金融商品取引法上の開示書類について虚偽記載等があると、会社や取締役等に重大な影響が生じることがありますので、提出前にその記載内容の正確性・網羅性等を確認し、虚偽記載等という結果にならないようにすることが重要です。

(3) 企業買収に関する規制

① 公開買付け

金融商品取引法によって開示が求められるのは、資本市場における有価証券の発行者だけではありません。発行者の株式等の買い占めが行われるという事実は、発行者の支配権・経営権に重要な影響を与える可能性があり、投資者にとって重要な情報であるため、これを開示させることで投資者保護を図る必要があります。また、一般株主に対しても、株式を提供するべきか否かの投資判断に必要な情報を提供するとともに、保有株式の売却の機会を公平に与えることで、資本市場の信用を確保する必要があります。

そこで、金融商品取引法は、市場外で一定の要件を満たす買付け等を行おうとする場合には、買付者に情報開示を強制し、また、一般株主に対して公平に売却の機会を与えることを求めています。これを公開買付け規制（ＴＯＢルール）といいます。

公開買付けの手続きが強制される場面は、大別すると三つの場合に分類することができます。

一つ目は、六〇日間で一一名以上の者から市場外で株券等を買い付け、買付け後の株券等所有割合（議決権ベースを基礎として算出され、特別関係者の分も含めて計算される）が五％を超える場合です。この場合には、まさに多数の者から株券等を買い付けることになるため、情報開示が求められます。

二つ目は、六〇日間で一〇名以内の者から市場外で株券等を買い付け、買付け後の株券等所有割合が三分の一を超える場合です（ただし、既に株券等所有割合が五〇％を超えている者が市場外で買い増す場合は除かれる）。この場合、買付けの対象となる株券等の数が多く、会社の支配権に変動が生じる可能性が高いため、投資家に必要な情報が開示され、かつ一般株主に対する公平な売却機会を与えることができるように、公開買付けが強制されるのです。なお、市場内におけるトストネット（ＴｏＳＴＮｅＴ）取引等による株券等の買付けで、買付け後の株券等所有割合が三分の一を超える場合や、三カ月間に市場内外の取引を組み合わせるなどして急速に買い付ける場合にも、公開買付けが強制されることがあります。

三つ目はやや特殊ですが、他の者が公開買付けを行っている場合において、株券等所有割合が三分の一を超えている者が、その期間中に五％を超える株券等の買付け等を行う場合です。公開買付けを行っている者は、その期間中、公開買付け以外の方法により対象となる株券等を取得することが禁じられています（別途買付けの禁止）。それにもかかわらず、他の大株主が公開買付けによらずに市場から大量に株式を買い集めることは、会社の支配権取得の競争に際し不公平といえます。そこで、そのような場面においては、公開買付けが強制されることとなります。

公開買付けが強制された場合、買付者は、公開買付けの実施およびその内容（買付価格、買付数量、買付期間その他の条件）を投資家に対し情報開示してから、公開買付けを開始しなければなりません。具体的には、まず、買付者は公開買付開始公告を行い、公開買付届出書等の開示書類をＥＤＩＮＥＴを通じて提出することにより、情報開示を行います。また、買付けに先立って、または買付けと同時に、買付者は株券等のその売付けを行おうとする者に対して、公開買付説明書を交付しなければなりません。

公開買付けがなされる場合、その対象となる会社は、公開買付開始公告の日から一〇営業日以内に、公開買付けに対する意見を表明しなければなりません（意見表明報告書を内閣総理大臣に提出する）。意見の内容としては、当該公開買付けに賛同するか否か、賛同するとして、株主に対して応募を推奨するのかどうかなどを分かりやすく記載する必要があります。日本では、いまだ敵対的買収に対してネガティブなイメージが強いこともあり、対象となる会社が賛同するかどうかは、買付者としても一般株主としても重大な関心事となります。

公開買付けのための期間は、二〇営業日以上六〇営業日以内とされており、その期間中は、買付者は均一の買付価格で株主からの応募を受け付けます。特定の事由がない限り、買付者は、買付価格の引き下げや買付予定株数の減少など、公開買付けの条件等を一般株主に不利に変更することはできず、また、特定の事由がない限り、撤回などもできません。

公開買付けにより多数の株主から応募があった場合には、それが自ら定めた上限を超えるときであっても、自分の好みの株主からのみ取得するなどということはできず、按分して取得しなければなりません。ただし、買付け後の株券等所有割合が三分の二を超える場合、按分取得ではなく、応募株式の全部を買い付ける義務が生じます。

公開買付期間が終了したときは、遅滞なく、応募株主に対して、買付けを行う株券数等を記載した通知書を送付しなければなりません。これにより株主も売り付ける株券等の数が明らかとなり、あとは公開買付届出書等に記載された方法により受渡しその他の決済が行われることとなります。また、買付者は、公開買付期間の末日の翌日に、公開買付けに係る応募株券の数等を公告し、または公表しなければならず、また、その日に、公開買付報告書をＥＤＩＮＥＴを通じて内閣総理大臣に提出しなければなりません。これにより、公開買付けの結果がどうであったのかが、応募していない投資者等に対しても明らかとなります。

② 大量保有報告書

特定の者が上場会社等の株式を大量に保有する場合、そのことはその会社の支配権・経営権に影響を与えるばかりか、株式の市場価格にも影響を与える可能性があるので、そのような情報が開示されないとすると、投資者は投資判断にあたり重要な情報を把握することができず、証券市場の透明性が確保されないこととなります。そこで、金融商品取引法は、上場株式等について、株式の五％を超える取得や保有がなされている場合には、当該保有者は大量保有報告書を提出しなければならないとされています。これを大量保有報告制度（または、五％ルール）といいます。

この制度により、発行者である会社にとっても、自社の株式の買い占め状況を把握することができ、グリーンメイラー（株式を買い集め、その株式の発行会社や関係者に高値での買取りを要求する者）のような買占者が現れたとしても、事前に対策を検討することが可能となります。

大量保有報告書の提出を義務づけられるのは、上場会社等の発行する株券や新株予約権付社債券その他の一定の有価証券の保有割合が五％を超えた者です（自己株式は除外されている）。また、保有者と一定の人的関係や資本関係を有する者や、保有者との間で当該株券等についての議決権行使等に関して合意をしている者などは、その保有者の共同保有者として、その者の有する株式数が合算されることとなります。

大量保有報告書には、保有者に関する情報、保有目的、資金の出所、最近六〇日以内の取得・処分の状況等が記載されます。また、大量保有報告書を提出した者について、その後株券等の保有割合が一％以上増減したなどの重要な事項が生じた場合には、変更報告書によってそのことを開示しなければならないこととされています（機関投資家には特例報告制度がある）。

(4) インサイダー取引

① インサイダー取引規制の概要

インサイダー取引とは、会社の重要な情報（重要事実）に容易に接しうる者（会社関係者、元会社関係者、情報受領者）が、重要事実を知って、その公表前に、その会社の株式等の売買などを行うことです。ここで公表とは、(a)報道機関での公表（二つ以上かつ一二時間経過を要する）、(b)証券取引所への通知、(c)法定開示書類の提出のいずれかになります。

インサイダー取引は、企業法務部として気をつけなければならない重要な規制です。自社の役職員がインサイダー取引を行ったなどの事情が判明すれば、その役職員が刑事罰や課徴金の対象となるだけでなく、会社のレピュテーションを大きく毀損するおそれがあり、特に機密性の高い情報を扱う事業であればなおさらです。また、会社の業務としてインサイダー取引が行われると、会社自身が刑事罰や課徴金の対象となることもあります。

　そのため、上場企業などでは、内部者取引に関する社内規程などの中で、重要事実の管理やインサイダー取引防止に関する規定を設け、役職員が自社の株式やクライアントの株式を買う場合には、会社への届出や会社からの許可を得ることを義務づける例も多く存在します。

　なお、上場会社の役員や主要株主は、自社株を六カ月以内に売買して得た利益を会社に提供しなければならないという制度（短期売買利益の提供）にも注意が必要です。

② インサイダー取引の主体

　インサイダー取引の主体は、会社関係者、元会社関係者および情報受領者です。
　(i) **会社関係者**　会社関係者とは、上場会社等またはその親会社もしくは子会社の(a)役職員、代理人、(b)会計帳簿閲覧等請求権を有する株主等、(c)法令に基づく権限を有する者、(d)契約締結者または契約締結交渉中の者、(e)(b)または(d)に該当する法人の役員等です。これらの者が、それぞれその職務等に関してインサイダー情報を知り、それが公表される前に取引を行った場合にインサイダー取引が成立します。これらの会社関係者は、通常、企業の重要情報にアクセスし得る立場にあるため、かかる立場を利用して株式等を売買することができるとすると、通常の開示情報しか与えられていない一般投資家と比べて不公平となります。そのため、これらの者は、その立場に基づき取得したインサイダー情報を用いて株式等の売買をすることが禁止されています。

(ii) 元会社関係者　元会社関係者とは、インサイダー情報をその職務等に関して知った(i)の会社関係者であって、会社関係者でなくなった後一年以内の者をいいます。会社関係者でなくなれば直ちに取引を行うことができるとすれば、規制を容易に潜脱すること（法の規制をくぐり抜けて目的を達すること）が可能となってしまうため、通常重要な内部情報が有価証券報告書等により公表されるであろう一年という期間は、会社関係者であった時にその立場に基づき取得したインサイダー情報が公表されるまでは株式等の売買をすることを禁止したものです。

(iii) 情報受領者　情報受領者とは、(i)の会社関係者または(ii)の元会社関係者から、インサイダー情報を受領した者をいいます。インサイダー取引を規制する主眼は、会社関係者や元会社関係者によるインサイダー取引を禁止する点にありますが、これらを規制するのみでは必ずしもインサイダー取引規制の趣旨を全うすることができません。そのため、会社関係者が他の者に対してインサイダー情報を伝達し、その者が株式等を売買する場合についてもこれを規制することが必要になります。ただし、情報の伝達を受けた者をすべて規制対象としてしまうと、情報の伝達は物理的に確認することもできず、規制対象が不明確となってしまうため、ここでいう情報受領者とは、会社関係者から情報の伝達を受けた者（第一次情報受領者）のみを意味し、当該伝達を受けた者からさらに情報の伝達を受けた者（第二次情報受領者）以降の情報受領者は含まれないとされています。なお、第一次情報受領者に該当するか否かは、実質的に判断されるものと考えられており、例えば、AさんがBさんに情報を伝達する意思でCさんを通じてこれを行ったなどの事情がある場合は、実質的にはAさんがBさんに直接情報を伝達したのと同等と評価され、Bさんは第一次情報受領者と認定されることがあります。

③ インサイダー情報となるもの

インサイダー情報の対象となる情報は、法律上は「上場会社等の業務等に関する重要事実」とされていますが、これは次の五つに大別することができます。

まず一つ目は、「決定事実」といわれるものであり、上場会社等の業務執行を決定する機関が、一定の重要事項を行うことを決定し、または当該決定後これを公表した後にこれを行わないことを決定したことをいいます。上場会社等の業務執行を決定する機関とは、典型的には取締役会を指しますが、これに限られず実質的に会社の意思決定と同視されるような意思決定を行うことができる機関であれば、これに該当すると考えられています。また、一定の重要事項とは、一定の重要性を有する企業活動を指し、株式・新株予約権の募集、資本金等の額の減少、自己株式の取得、株式無償割当て・新株予約権無償割当て、株式の分割、剰余金の配当、組織再編、解散、新製品や新技術の企業化などを指します。ただし、これらの事項であっても、投資者の投資判断に及ぼす影響が軽微なものとして定められている一定の基準（軽微基準）を充足するものについては、インサイダー情報に該当しないとされています。

二つ目は、「発生事実」といわれるものであり、上場会社等に一定の重要な事由が生じたことをいいます。具体的には、災害に起因する損害等、主要株主の異動、上場廃止等の原因となる事実の発生などを指します。これらの事項についても、投資者の投資判断に及ぼす影響が軽微なものとして定められている一定の基準（軽微基準）を充足するものについては、インサイダー情報に該当しないとされています。

三つ目は、「決算情報」といわれるものであり、上場会社等の売上高、経常利益もしくは純利益（売上高等）もしくは剰余金の配当または上場会社等の属する企業集団の売上高等について一定の重要な差異が生じたことをいいます。つまり、これらの決算情報について、公表された直近の予想値と、新たに算出された予想値（または当該事業年度の決算）に差異が生じた場合であって、その差異が投資者の投資判断に及ぼす影響が重要なものとして定められている基準（重要性基準）を充足するときは、インサイダー情報に該当します。

四つ目は、いわゆる「バスケット条項（包括条項）」といわれるものです。これまでに掲げた三つに該当しないものであっても、上場会社の運営、業務または財産に関する重要な事実であって、投資者の投資判断に著しい影響を及ぼすものがインサイダー情報に該当することとされています。これまでの三つと異なり、その内容が明確に定められているわけではないため、どのような事由がこれに該当するかは、ケース・バイ・ケースによる判断が必要となります。

五つ目は、「上場会社等の子会社に関する事由」であり、具体的には、ここまでに掲げた決定事実、発生事実、決算情報、バスケット条項が存在します。ただし、上場会社等本体そのものに関する情報に比べ、インサイダー情報に該当する事由が少なく規定されています。

また、これらとは別に、公開買付けや五％以上の買集め行為の実施に関する事実を知りながら株式等を買い付けた者や、これらの中止に関する事実を知りながら株式等を売り付けた者についても、インサイダー取引に該当することとなりますが、この類型については本書の説明の対象外とします。

④ 取引の種類

インサイダー取引の対象となる取引は、上場会社等の特定有価証券等（株式、新株予約権、社債、上場ＲＥＩＴの投資口など）の売買やデリバティブ取引等です。注意すべき点は、インサイダー取引に該当するには会社関係者等が職務等に関してインサイダー情報を知っていれば足り、これを意図的に利用して売買するなどの必要はないということです。極端な例でいえば、株価の上昇要因となるようなインサイダー情報を知りながら、株式を売却したような場合であっても、インサイダー取引が成立することがあります。

ただし、あらゆる売買等がインサイダー取引に該当するわけではなく、例えば新株予約権を行使して株式を取得する場合や、同じインサイダー情報を知る者同士が市場外の相対取引で株式を売買する場合などは、インサイダー取引規制の適用除外とされています。また、例えば、上場会社等の従業員が従業員持株会を設置し、定期的に当該上場会社等の株式を市場から購入することもありますが、そのような従業員持株会による購入についても一定の要件を充足すれば、インサイダー取引規制の適用除外となります。

⑤ 情報伝達・取引推奨規制

インサイダー取引は取引行為に対する規制であり、基本的には、自ら取引をしなければ違反には問われないことになりますが、情報伝達行為や取引推奨行為に対する規制が導入されています。

具体的には、会社関係者が、職務等に関してインサイダー情報を知った場合に、他人に対して、公表前の取引によって利益を与え、または損失を回避させる目的で、そのインサイダー情報を伝達する行為が規制されます。また、インサイダー情報を伝達しない場合であっても、他人に対して取引を勧める行為も規制されます。情報伝達や取引推奨を受けた者が実際に公表前の取引を行わなければ、刑事罰や課徴金の対象とはなりませんが、実際の公表前の取引に結び付かなかったとしても法令違反と扱われますので、例えば、監督官庁からの行政処分や社内規程違反などが問題となる可能性がある点は注意が必要です。

6―一般消費者等との取引に関する法規制

(1) 消費者との契約の特色

法人事業者や個人事業者などを取引先とするいわゆるＢtoＢのビジネスを営む企業においてはあまり問題となりませんが、一般消費者を取引先とするいわゆるＢtoＣの企業においては、その取引にあたって、ＢtoＢの取引とは異なる消費者保護についての配慮が必要となります。前述のとおり私人間で締結される契約は、両者の合意による限り原則としてその内容は自由なものとされていますが、一般消費者は企業等の供給者と比較した場合にその知識、情報、判断能力および交渉力に大きな格差があるため、これを自由取引に委ねていたのでは、一般消費者の健康や財産が害されるおそれがあります。

そこで、そのような消費者を保護するため、企業等と一般消費者との間の契約について、消費者に有利な規律を設けることとしています。企業法務を扱う者としては、そのような規律に抵触しないよう消費者との間の取引をする際、例えば消費者との間で一般的に使用する約款などを作成する際には注意が必要となります。「定型約款」（定型取引において、契約の内容とすることを目的としてその特定の者により準備された条項の総体のこと）に関しては、適用範囲、みなし合意、内容の表示義務、変更の要件などが定められています。

ここでは、代表的な法律として消費者契約法、特定商取引法、景品表示法について説明します。他にも、割賦販売法、金融サービス提供法、製造物責任法（第Ⅷ章1節(1)参照）、消費生活用製品安全法等にも注意が必要です。

(2) 消費者契約法

消費者契約法は、消費者と事業者の間の情報の質、量および交渉力の格差に着目し、これを是正して消費者保護を図ることを目的としています。消費者契約法の適用対象となるのは、消費者と事業者との間の契約（消費者契約）です。ここでいう「消費者」とは、事業としてまたは事業のために契約の当事者となる場合を除く個人のことです。「事業者」とは、法人その他の団体、および事業としてまたは事業のために契約の当事者となる場合における個人をいいます。

消費者契約法は、消費者契約を対象として、主として(a)事業者が消費者契約の内容について必要な情報を提供するよう努めること、(b)消費者が契約締結過程における事業者の行為によって誤認した場合や困惑した場合など不適切な勧誘行為などがあった場合に、消費者契約にかかる意思表示を取り消し得ること（例えば、事実と異なることを告げたり、将来における不確実な事項について断定的判断を提供した場合）、(c)消費者が一方的に不利益となる契約条項は無効となること（例えば、事業者が一切責任を負わない条項、故意、重過失があっても責任の一部を免除する条項、免責範囲が不明確な条項）などの規定を設けています。

一般消費者との間の契約に使用する約款等を作成する場合には、特に(c)の不当条項について

COFFEE BREAK

デジタル社会と法律

商取引や日常生活において、インターネット等を使った電子商取引（EC：Electronic Commerce）やデジタル化が急速に進み、生成AIの活用も始まっています。他方、サイバー攻撃も日常化しており、機密情報や個人情報の流出、経済的損失、社会的信用の低下など莫大な被害が生じるおそれがあり、対策を練ることが必要です。

これらの動きに合わせた法改正が行われるとともに、権利侵害やネット犯罪等の規制も強化されています。主なデジタル化関連法には以下のようなものがあります。

・電子署名法
・e-文書法、電子帳簿保存法
・サイバーセキュリティ基本法
・不正アクセス禁止法
・プロバイダ責任制限法
・迷惑メール防止法
・電子消費者契約法
・デジタルプラットフォーム取引透明化法

また、会社法、民事訴訟法、刑法、著作権法、電気通信事業法、特定商取引法などにおいても関連する法改正が随時行われています。今後も新たな法規制の創設や法改正が相次ぐことが予想され、自社のビジネスや社会への影響についてフォローしていく必要があります。

留意が必要です。企業等の取引先との間の契約であれば、契約内容はできる限り自社の側に有利な規定を設けたいと思うのが通常ですが、消費者との間の契約の場合、そのような規定を設けても消費者契約法により無効とされる可能性があります。

消費者団体訴訟制度とは、消費者被害があった時やそのおそれがある時に、被害者である消費者に代わって、あるいは消費者全体の利益のために、公益的立場にある適格消費者団体に訴訟をする権利を認める制度です。これにより、直接の被害者である消費者しか提訴できなかった訴訟について、適格消費者団体という団体による提起を認め、消費者全体の利益を図ろうとするものです。

ただし、この制度は、契約や勧誘の差止めは請求できますが、損害賠償の請求はできません。損害賠償請求に関しては、消費者裁判手続特例法により、消費者被害の救済の実効化が図られています。これは、特定適格消費者団体が提起する訴えにより、すべての被害者に共通する争点を先行して審理して確定させ、その後に各被害者からの手続き参加を認めることにより、被害者による権利行使を容易にするものです。アメリカのクラスアクション（集団訴訟）のような濫用が起こらないように制度設計されていますが、事業者としては制度をよく理解し、十分な準備をしておくべきです。

⑶ 特定商取引法

特定商取引法は、訪問販売や電話勧誘販売など、類型的に消費者被害やトラブルが頻出しやすい取引手法について、そのような消費者被害やトラブルから消費者を救済するため、取引業者に対する行政的監督方法や、消費者との間の契約に関する規律を定める法律です。

特定商取引法の適用対象は、⒜訪問販売（キャッチセールス、アポイントメント・セールス等）、⒝通信販売（インターネット販売など）、⒞電話勧誘販売（事業者が消費者の自宅等に電話をかけ物品等を販売する取引）、⒟連鎖販売取引（いわゆるマルチ商法）、⒠特定継続的役務提供（エステティックサロンや語学教室などの教育または美容サービスなど）、⒡業務提供誘引販売取引（内職商法やモニター商法など）、⒢訪問購入（事業者が消費者の自宅等に訪問して物品等を購入する取引）、⒣ネガティブオプション（送りつけ商法）などです。なお、訪問販売、通信販売、電話勧誘販売については、規制対象となる権利の範囲が社債その他の金銭債権や株式等にも拡大されています。

特定商取引法の適用を受ける取引は、その規制内容は取引ごとに異なりますが、主として⒜消費者に対する正確な情報開示を義務づけられ（書面交付義務・広告規制など）、⒝消費者の自主的な選択の機会を確保するための措置（クーリング・オフ、返品特約、勧誘行為規制など）を受けることがあります。クーリング・オフは、法定要件を満たした書面を交付しない限り、期間が進行しない点や、電磁的方法によることも可能である点に注意すべきです。

さらに、これらの取引事業者が特定商取引法に違反する場合、経済産業大臣より改善の指示、業務停止命令などを受ける可能性があります。そのため、これらの取引をビジネスとする企業においては、特定商取引法の遵守に十分な注意が必要となります。

なお、販売業者と利用者の間で締結されるクレジット契約について規制する割賦販売法にも留意すべきです。契約締結前の情報開示や契約締結時の書面交付の義務、契約解除や遅延損害金の制限、販売業者に対する抗弁事由により信販会社へ対抗できることなどのほかに、特定商取引法と同様な行政上および民事上のルールが規定されています。

(4) 景品表示法

景品表示法は、一般消費者による自主的かつ合理的な選択を確保するため、事業者による不当な顧客誘引を禁止するものです。具体的には、顧客誘引の手段として、①過大な景品類の提供と、②不当な表示を禁止しています。

「過大な景品類の提供」については、総付景品、一般懸賞、共同懸賞という景品類提供行為類型に応じて、景品の最高額や総額が制限されています。ポイントサービスにおけるポイントが「景品類」に当たるかどうかは要注意です。

「不当な表示」には、以下の三つがあります。

①優良誤認表示：商品・サービスの品質、規格その他の内容についての不当表示

●内容について、実際のものよりも著しく優良であると一般消費者に示す表示

●内容について、事実に相違して競争業者に係るものよりも著しく優良であると一般消費者に示す表示

②有利誤認表示：商品・サービスの価格その他取引条件についての不当表示

●取引条件について、実際のものよりも取引の相手方に著しく有利であると一般消費者に誤認される表示

●取引条件について、競争業者に係るものよりも取引の相手方に著しく有利であると一般消費者に誤認される表示

③指定告示：商品・サービスの取引に関する事項について一般消費者に誤認されるおそれがあると認められ内閣総理大臣が指定する表示

製品性能偽装や食品表示偽装が問題になるケースが後を絶たず、広告や商品の表示のチェックは慎重に行うべきです。また、ステルスマーケティング、打消し表示、No．1表示等よく問題になる表示にも注意が必要です。

事業者としては、自社の製品・サービス内容、過去のクレームおよびその対応、他社事例等に

関する情報を一元的に管理し、消費者被害を招く事態が起きた場合の対処方法を策定し、周知徹底するべきです。また、日頃から全社的に消費者保護に関連する法律知識の習得に努め、リーガルチェックをきちんと行う体制を作ることが重要です。

7―個人情報保護法

⑴ 概　論

「個人情報の保護に関する法律」（個人情報保護法）は、個人情報の有用性に配慮しつつ個人の権利利益を保護するとの観点から、二〇〇三年五月より施行されていますが、二〇一七年、二〇二〇年、二〇二一年に改正がなされています。また個人情報保護法の特例として、「行政手続における特定の個人を識別するための番号の利用等に関する法律」（マイナンバー法）も制定されており、企業活動においても注意が必要です。個人情報保護法の所管機関としては、個人情報保護委員会が設置されています。

近年、プライバシー意識の高まりやビッグデータの利活用の観点から、個人情報保護法の重要性が高まっています。また、ＥＵ一般データ保護規則（ＧＤＰＲ）や、カリフォルニア州消費者プライバシー法（ＣＣＰＡ）など、海外では個人データの保護がますます強化されており、グローバルに活動する日本企業にも適用される可能性があります。

個人情報を取り扱う企業としては、個人情報保護委員会策定のガイドラインや、事業分野ごとの所管官庁策定の個別分野ガイドラインなどを参照しながら、個人情報保護法の適切な理解に基づき、正しく取得・管理・利用等する必要があります。

⑵ 対象となる個人情報

個人情報保護法は、対象となる「個人情報」を次のように定義します。すなわち、「生存する個人に関する情報であって、(a)当該情報に含まれる氏名、生年月日その他の記述等により特定の個人を識別することができるもの（他の情報と容易に照合することができ、それにより特定の個人を識別することができることとなるものを含む）又は(b)個人識別符号が含まれるもの」というものです。死者の情報は除かれますが、すでに公表され公知になっている情報も含まれます。なお、(b)個人識別符号とは、指紋データや顔認識データ、声紋、DNAのような個人の身体的特徴を変換した文字、番号、記号などや、パスポート（旅券）番号や運転免許証番号、住民票コード、基礎年金番号、保険証番号のような個人に割り当てられた文字、番号、記号などのことを指します。

また、個人情報のなかでも、本人の人種、信条、社会的身分、病歴、犯罪の経歴、犯罪により害を被った事実などは、「要配慮個人情報」とされ、取り扱いに特に配慮を要するとされています。

(3) 個人情報に関する規制対象

個人情報保護法が定める個人情報に関し義務を負う主体は、「個人情報取扱事業者」です。「個人情報取扱事業者」とは、個人情報データベース等を事業の用に供している者をいい、法人か個人事業者かを問わず、営利か非営利かも問いません。ただし、国の機関や、地方公共団体、独立行政法人等は除かれます。

ここにいう「個人情報データベース等」とは、個人情報を含む情報の集合物であって、(a)特定の個人情報を電子計算機を用いて検索することができるように体系的に構成したもの、または、(b)特定の個人情報を容易に検索することができるように体系的に構成したもので、目次、索引その他の検索を容易にするためのものを有するものをいいます。

また、個人情報データベース等を構成する個人情報を「個人データ」といいます。個人データのうち、個人情報取扱事業者が、開示、内容の訂正、追加または削除、利用の停止、消去および第三者への提供の停止を行うことができる権限を有するものを、「保有個人データ」といいます。

概念としては、「個人情報」が「個人データ」を、「個人データ」が「保有個人データ」を、それぞれ包含する関係にあります。

(4) 個人情報取扱事業者の義務

「個人情報」「個人データ」および「保有個人データ」について、個人情報取扱事業者は、それぞれ異なった義務を負います。

「個人情報」に対しては、次のような義務を負います。

- 個人情報を取り扱うにあたって、その利用目的をできる限り特定すること
- あらかじめ特定した利用目的の達成に必要な範囲内で取り扱うこと（その範囲を超える場合には、あらかじめ本人の同意を得ること）
- 偽りその他不正な手段により個人情報を取得しないこと
- 個人情報を取得した際には、特定しておいた利用目的を、本人に対し、通知・公表すること
- 個人情報の取り扱いに関する苦情の適切かつ迅速な処理をすること

「個人データ」に対しては、「個人情報」に対して負う義務に加えて、次のような義務を負います。

- 個人データを正確かつ最新の内容に保つこと
- 個人データの漏洩、滅失または毀損の防止その他の安全管理措置を講じること
- 個人データを取り扱う従業員の監督

●個人データの取り扱いの全部または一部を委託する場合における委託先の監督
●個人データを第三者に提供するとき（第三者提供）は本人に事前の同意を得ること

「第三者提供」には、法令に基づく場合、人の生命・身体・財産の保護のために必要な場合等の例外事由が定められています。また、利用目的の達成に必要な範囲で個人情報の取り扱いを第三者に委託する場合、一定の範囲で複数事業者が共同利用する場合、および合併や事業譲渡等によって事業が別会社に承継される場合は、「第三者」に当たらないとされています。さらに、一定の要件のもとで本人の同意なしに第三者提供できるとしつつ、本人の求めに応じて提供を停止する仕組み（オプトアウト）も設けられています。

「保有個人データ」に対しては、さらに、「個人データ」に対して負う義務に加えて次のような義務を負います。

●保有個人データに関する事項の公表等
●本人からの開示の求めに応じること
●保有個人データの内容が事実でない場合の、訂正、追加または削除の要求に応じること
●利用目的の制限、適正な取得または第三者提供の制限に違反して取り扱われるなどしていることを理由に本人から保有個人データの利用停止等を求められた場合に、これに応じること

●保有個人データについて本人から求められた措置をとったこと、またはとらなかったことに関する理由の説明

以上の法律上定められた義務のほか、個人情報取扱事業者は、前述のガイドラインにも従うことになります。

(5) 違反時の個人情報取扱事業者への制裁

法律に違反した場合には、個人情報保護委員会や主務大臣から、報告、助言、勧告、命令等の行政処分を受ける可能性があります。ここで命令に反した場合や、報告を怠ったり、虚偽報告をした場合には、刑事罰が科される場合があります。また、これらの違反行為をした者が法人の代表者や従業者等であるときは、その者だけでなく、法人にも罰金刑が科せられます。

(6) 個人情報の漏洩問題への対応

① 事前の対応

多くの企業がそれぞれ大量の個人情報を保有する現在、個人情報漏洩に関する事件・事故も後を絶ちません。大規模なものから比較的小規模なものまで、その事案はさまざまですが、個人情報の漏洩は、企業に大きなダメージを与えかねません。そこで、個人情報の漏洩を未然に防ぐた

め、種々の対策を事前に講じておくことが大切です。個人情報保護法は、具体的な対策を示してはいませんが、個人情報保護委員会や各省庁が公表しているガイドライン等には、安全管理措置について定めているものがあります。安全管理に関する従業員の責任・権限等を定めた規程の作成や従業員に対する研修・啓発活動等を通じて、個人情報の漏洩を防止する意識を高めるよう、日頃から注意喚起することが重要といえます。サイバー攻撃による個人情報の漏洩も増加しており、システムの脆弱性を定期的にチェックすべきです。

② 事後の対応

前記のような事前の対応を講じていた場合であっても、個人情報の漏洩が発生してしまうことはあり得ます。その場合、まずは事実調査、原因の究明および影響範囲の特定に着手します。これらは、漏洩者の特定や二次被害の防止、再発防止策の策定等の基本となるものですので、漏洩の事実を把握し次第速やかに着手する必要があります。実務上の対応としては、事実調査のために、社内に専門の対策本部や、外部の専門家を含めた諮問委員会を設置するケースもあります。

謝罪、事実関係の報告および二次被害の防止等のために、影響を受ける可能性のある本人への連絡も重要といえます。本人の連絡先が分からない場合には、広く一般に事実を公表することにより、二次被害の防止を図ることが必要な場合もあるでしょう。また、企業の信頼回復の観点からも事実関係の公表が要請される場合があります。方法としては、企業のホームページや新聞広告において公表を行う例が多く存在します。二次被害防止の観点からは、できるだけ早期に公表することが望ましいものの、不十分な調査による不正確な事実を公表することにより、かえって混乱を招くこともあるため、いつ、どのような内容の事実を公表するかという点は慎重に検討することが必要です。さらに個人情報保護委員会や主務大臣への報告が求められる場合もあります。

なお、個人情報を漏洩してしまった場合には、本人から、プライバシー権侵害等による損害賠償を請求される可能性があり、自主的にお詫びとして金銭を配るケースもあります。

⑺ ビッグデータと匿名加工情報の制度

近時、「ビッグデータ」（明確な定義があるわけではないが、概ね、日々生成・記録される膨大なデータのことをいう）への注目が高まっており、これを利活用する新たなビジネスに関する議論が盛んです。

ビッグデータにはいわゆるパーソナルデータも含まれることから、ビッグデータの利活用にあたっては、第三者提供の制限等、個人情報保護法への抵触が問題となります。法令の定める一定の措置を講じて、特定の個人を識別することができないように個人情報を加工して、当該個人情報を復元することができないようにすれば、「匿名加工情報」として、本人の同意を得ることなく第三者に提供することができます。

「個人情報」の場合と同様に、個人情報保護法は、「匿名加工情報データベース等」を事業の用に供している者を「匿名加工情報取扱事業者」として、「匿名加工情報」に関する義務を負わせています。個人情報を加工して匿名加工情報を作成する個人情報取扱事業者や匿名加工情報取扱事業者には、次のような義務を負います。

- ●匿名加工情報を作成するときには、適正な加工を行い、安全管理措置を講じ、当該個人情報に含まれる個人に関する情報の項目を公表すること
- ●匿名加工情報を第三者提供するときは、当該匿名加工情報に含まれる個人に関する情報の項目および提供方法について公表するとともに、提供先に当該情報が匿名加工情報である旨を明示すること
- ●匿名加工情報を取り扱うにあたっては、元の個人情報に係る本人を識別するために、他の情報を取得したり、匿名加工情報を他の情報と照合したりしないこと

また、二〇二二年四月施行の改正法では、個人の権利の保護と利活用のバランス、越境データ流通増大に伴うリスクへの対応等の観点から次のような規定が設けられています。

- ●違法又は不当な行為を助長する等の不適正な方法による個人利用の禁止
- ●匿名加工情報より加工の程度が低い「仮名加工情報」(他の情報と照合しない限り特定の個人を識別できないように所定の加工をした情報)の創設

- クッキー等の端末識別子で、提供先において個人データとなる情報（「個人関連情報」）の第三者提供の規制
- 漏洩等が起きたときの国への報告と本人への通知の義務化
- オプトアウトによる第三者提供の厳格化
- 本人が開示請求できる情報を短期保存データや第三者提供記録等に拡大
- 違反行為のペナルティの引き上げ
- 法の域外適用や越境移転規制の強化

個人情報の漏洩、目的外利用等に関して社会的な批判やレピュテーション低下が生じるケースが増えており、法改正に従った形でビジネスの内容や管理体制の見直しを行うべきです。

データ取引に関しては、公正取引委員会が「デジタル・プラットフォーム事業者と個人情報等を提供する消費者との取引における優越的地位の濫用に関する独占禁止法上の考え方」を公表し、プラットフォーマーによるビッグデータの取得・利用において、どのような行為が優越的地位の濫用として問題となるかを整理しています。また、「特定デジタルプラットフォームの透明性及び公正性の向上に関する法律」において、イノベーションの促進と独占禁止法上の問題との調整が図られています。

8——環境法

⑴ 全体像

近年の環境問題への意識の高まりとともに、法令等による規制強化も進められていることから、会社を運営していく上で環境問題への配慮を怠ると、会社に多大な損失を与えかねません。会社が環境問題へ配慮した活動を展開することは、社会的にも強く求められており、受忍限度を超えた被害を与えた場合は会社が責任を負うことになります。典型的な環境問題として挙げられるのは、大気汚染、水質汚濁、土壌汚染、騒音、振動、地盤沈下、悪臭などであり、これらはさまざまな法律で規制されています。これらは古くから「公害」として一般に認識されてきた問題といえますが、近年になって、有害化学物質、アスベスト、廃棄物処理、リサイクルなど新たな環境問題が発生していることに伴い、それらを規制する法律も新たに制定されています。他にも、このようないわば「環境破壊行為の規制」ではなく、「自然環境の保全」の観点から、自然環境や野生動植物などの保護を目的とする法律や温暖化防止に関する法律も制定されています。

このように、環境に関する規制はさまざまな法令等で定められており、一般に「環境法」という場合は、環境に関する法令等全般を総称する用語として用いられます。また、法令だけでなく、国際条約、地方公共団体の条例、業界の自主ルールなど、企業の活動に影響を与える様々なレベルの規制や制度について、最新の動向を把握する必要があります。

近年は、ＳＤＧｓやＥＳＧ投資が注目される中で、環境法の重要性も増してきています。

(2) 土壌汚染

化学物質を扱う工場を備える会社にとっては、大気汚染、土壌汚染、水質汚濁等に関する規制が広く関係してきますので、十分配慮した経営をする必要があります。

最近では特に土壌汚染対策法が重要です。土壌汚染対策法に定める一定の要件を満たす場合には、汚染原因者（汚染原因者が不明な場合は土地の所有者等）は、土地の調査義務や汚染の除去等の措置を講じる義務などを負うことがあります。土地の調査や汚染の除去等には多大な費用がかかるため、法規制の内容や最新実務には注意が必要です。

また、法律の規制対象にはならない程度の軽微な汚染であっても、会社の経営には多大な支障をきたすことがあります。例えば、企業が所有する土地について土壌汚染が判明した場合、当然当該土地の評価額が下落しますが、そもそも汚染された土地を利用しようと考える人は少ないので、会社の費用で汚染原因を除去しない限り、売買や賃貸借等の取引の対象とすること自体が難しくなります。他に、取引後に土壌汚染が判明した場合や、土壌汚染が判明しているものの十分な説明をしないまま取引した場合などは、取引相手から契約不適合責任や不法行為責任を問われるおそれも考えられます。これらに加えて、会社が環境問題を引き起こしていると疑われた場合の、会社の社会的評価への影響も計り知れません。会社が環境への配慮を十分に尽くしていることは、このようなレピュテーション・リスクを低減することにもつながりますので、法令等で規制されるレベルに達していなくとも、環境問題への配慮に費用をかける意味があるといえます。

取締役としても、環境問題に細心の注意を払う必要があります。土壌埋戻材に環境基準値を超過した有害物質が含まれていることを認識していながら、製造を中止しなかったとして、取締役に約四七五億円の損害賠償を認めた裁判例もあります。

(3) 環境法に関連した最近の動き

これからの会社は、公害を出さないというのは当然のことであり、むしろ環境の負荷が少ない事業活動や製品・サービスについて、積極的に情報開示やアピールをしていく必要があります。この点に関し、環境法に関連する最近の動きには次のようなものがあります。

① 地球温暖化

地球温暖化防止に関しては、国際的にも国内的にもいろいろな動きがあり、企業の活動にも今後大きな影響を与えることが考えられます。国際的排出量取引についてはすでに始まっていますが、国内については自主参加型国内排出取引制度の試行的実施にとどまっています（本格的開始に向けて、二〇二三年一〇月から東京証券取引所にカーボン・クレジット市場が開設されている）。その他、国内では、補助金制度や税制上の優遇措置、賦課金制度、環境税の導入など、国や地方のレベルでさまざまな手法が実施されています。

② 環境マネジメントシステム

近年、環境方針を定めて実行に移すための体系（環境マネジメントシステム）を導入する会社が増えています。国際規格として広く知られたものとして、ISO14001があります。取得することによって、一定の高い評価が得られる反面、審査登録には、計画の作成・実施、資格者の訓練、文書の作成・管理に加え、登録料金、維持審査料金、更新審査料金など多くの手間と費用がかかります。

③ 再生可能エネルギー

環境意識の高まりや原発事故を契機に、再生可能エネルギーへの関心が高まっています。太陽光、風力、地熱、バイオマスなどを利用した発電プロジェクトが国内外で進んでいます。再生可能エネルギー特別措置法では、再生可能エネルギー源（太陽光、風力、水力、地熱、バイオマス）を用いて発電された電気について、国が定める一定の期間・価格で電気事業者が買い取ることを義務付けています。買取価格は、経済産業大臣が直接定める固定価格買取制度のほか、発電を行おうとする者が参加して行う入札の方法によって定めることができます。また、再生可能エネルギー発電事業者の投資予見可能性を確保しつつ、市場を意識した行動を促すため、固定価格での買取りのほかに、市場価格に一定のプレミアム（補助金）を上乗せして交付する制度（FIP制度）が設けられています。

④ その他

環境への負荷の少ない商品に付ける環境（エコ）ラベルや、ISO14001規格の審査登録を取得した会社から製品・部品を調達するグリーン購入、地球温暖化対策のための税の導入など、環境に配慮した製品・サービスを普及するための工夫もなされています。

Ⅶ　債権管理に関する法律

1―債権の保全

(1)　債権の担保

会社は、ビジネス上の取引をすることによって、取引先に対して債権・債務を有することになります。会社にとっては、債権がきちんと回収できて初めて、健全な経営が保たれます。単純化すれば、利益率一〇％の会社で、回収不能により五千万円の損失が発生した場合、それをカバーする利益を出すためには五億円の売り上げが必要になります。多くの債権が焦げ付いて債権回収が不能になると、会社は大きな損失を被ることになり、場合によっては、経営危機に陥ってしまうこともあります。

ですから会社にとっては、売り上げを立てることと同様、約定通りに債権を回収することも重要です。きちんと債権回収をするためには、適切な債権保全の措置をとらなければなりません。

取引の相手方が十分に信用できても、後日のために、債権が正確に証明できるような契約書等の書類をそろえておくべきです。取引の相手方が必ずしも信用できない場合は、契約書等の書類だけでなく、債権保全のために担保取得を考えなければなりません。

担保には、約定担保と法定担保があります。

約定担保は、担保権者と担保権設定者との間の契約によって設定される担保です。抵当権、譲渡担保、質権、保証などがあります。

法定担保は、担保権者と担保権設定者との間の契約を必要とせずに、民法などの法律によって、ある事実の発生により当然に設定される担保です。先取特権、留置権があります。

① 約定担保

営業担当者は、取引先に商品を売りますが、これは逆から見れば、取引先に商品を買ってもらっているのです。現金払い条件ではなかなか買ってもらえないし、売掛金や手形金になるといっても、取引先から担保を提供してもらうには、売主である会社がよほど強い立場でないと、簡単にはいきません。買主である取引先が、担保を出すくらいなら取引をしないということもあるでしょう。また、取引先が何でも言う通りに担保を出すという場合は、かえって信用できないこともあるでしょう。

取引先が会社の場合の担保提供者は、会社はもちろんのこと、会社の代表者・役員など個人であっても構いません。

約定担保として、どのようなものがあるか、以下簡単に説明することとします。

(i) 抵当権・根抵当権

抵当権・根抵当権は、取引における担保として最も一般的で、よく使われます。対象となる物件については、不動産(土地・建物)、工場抵当による機械設備、建設機械、船舶、自動車、航空機、工場財団、採掘権、採石権、地上権などです。

抵当権は、抵当物件の所有権・占有権を債権者に移すことなく、債務者が抵当物件を利用し、債務者が弁済しない場合に、抵当物件を競売に付し、その代金から優先弁済を受けることができる担保権で、第三者対抗要件として登記・登録することが必要です。抵当権については、一回きりの貸付金債権等を担保するのに適しており、被担保債権が完全に弁済されてしまうと、抵当権も消滅することになります。抵当権の被担保債権、債権金額、利息、遅延損害金は、登記することによって第三者に対抗できます(債務者が担保物件を第三者に売却等した場合でも、抵当権を行使できる)が、利息・遅延損害金は満期となる最後の二年分についてのみ優先権の行使ができます。抵当権は、第一順位から、その後の何順位でも設定ができますが、抵当物件の価値をよく考えて設定すべきです。

抵当権の効力は、抵当物件の従物(じゅうぶつ)(例えば、母屋を主物、物置を従物という)・付加物にも及ぶことになり、土地については、地上の立木、庭石等に、建物については、付属建物、畳等に効力が及びます。ただし、土地に対する抵当権の効力は、建物に及ばないので、土地と地上建物については、同時に設定するか別々に抵当権を設定し、共同抵当とすればよいのです。抵当物件の果実(例えば、建物の家賃)に対しては、建物の抵当権者は物上代位(抵当権は、抵当権の目的物売却時の代金債権や、賃貸時の賃料債権滅失・毀損による損害賠償請求権や損害保険金請求権等目的物に代わる価値に対してもその効力が及ぶこと)によってこれを差し押さえることができます。また、抵当権にさらに抵当権を設定すること(転抵当権の設定)も可能です。抵当権の被担保債権を譲渡すると、債権とともに抵当権も随伴し、抵当権の移転登記をすることができます。

根抵当権も、抵当権と同様に設定することができます。根抵当権は、抵当権と異なって、継続して何回も取引をすることによって発生する債権を担保することができ、取引上いったん債権がゼロとなっても根抵当権は消滅しません。後に債権が発生すれば、担保されることとなります。ですから根抵当権には、極度額(根抵当物件の価値、先順位担保債権金額を考慮し、予想される債権金額と、これに二〇%増ぐらいの利息・遅延損害金をめどに定めるのが実務)を定めることが必要で、この極度額の範囲であれば、債権の元本のみならず利息などもカバーされます。

根抵当権については、元本確定(債権の元本が確定すると、利息・遅延損害金を除く、元本確定以後の取引等により発生する債権は担保されない)があるので、あらかじめ元本確定期日を定めることができますが(確定期日は、根抵当権設定日または変更した日より五年以内)、実務上は、確定期日を定めることは少ないと思います。この場合、根抵当権設定者は、根抵当権設定の時から三年を経過した時には、いつでも元本確定を請求することができます。元本確定請求の日から二週間を経過した時に元本が確定しますが、実際には、かかる確定請求のケースは少ないと思います。また、根抵当権者からも元本確定請求をいつでもすることができ、その時点で元本が確定します。

元本確定には、さらに元本確定事由があり、根抵当権者が競売申立てまたは差押えの申立てをして競売手続の開始、または差押えがあった時、根抵当権者が滞納処分による差押えをした時、根抵当権者が競売手続の開始、または滞納処分による差押えがあったことを知ってから二週間を経過した時、債務者または根抵当権設定者が破産手続開始の決定を受けた時に元本が確定します。

元本確定前の根抵当権については、根抵当権者・根抵当権設定者が合意の上で、全部譲渡・分割譲渡・一部譲渡することができます。

その他、根抵当権については特有の民法上の規定がありますが、元本確定後の根抵当権は、抵当権に似た担保権になるといえましょう。

(ii) **譲渡担保（動産譲渡担保・債権譲渡担保等）** 譲渡担保は、担保対象物件の所有権を、債権者が債務者に対して有する債権を担保するために、債務者から債権者に移転し、債務が弁済されたら返還するという方法による担保です。債権者は、債務者から弁済がないときは、担保物件を裁判所の手続きによらず自ら評価して、優先的に弁済を受けることができます。現在の債権を担保するだけでなく、将来の債権を担保する（根譲渡担保）場合もあります。担保物件としては、動産、不動産、有価証券など多くの物件がその対象となります。

動産譲渡担保については、占有改定（ある目的物の占有者が、引渡しを行わずに意思表示だけで他者に占有権を移転すること）の方法による引渡しが第三者対抗要件となり、即時取得のリスクがあります。動産の担保化を促進するため、法人が動産を譲渡する場合には、動産登記制度が整備されています。すなわち、動産譲渡登記ファイルに登記されたときは、動産の第三者対抗要件である引渡しがあったものとみなされます。これにより、第三者による即時取得のリスクを減少させることが可能です。動産譲渡担保を設定するには、動産譲渡担保設定契約書を作成し、被担保債権の範囲の定め、動産の特定、動産についての完全な所有権の移転、担保実行時の清算方法の定め等を明確にし、後日のために、契約書には確定日付を取得しておくべきです。

動産の場合には、債務者が、工場・倉庫等に動産類の商品を保有していて、絶えず同種類の商品が使用され、搬入されて変動していくことがありますが、担保の対象にはこれらの動産も含まれます。つまり、このようにある一定の場所において、常に移り変わるが一定の商品が存在するというような商品を集合物（あるいは集合動産）といい、それらを対象として設定される担保が集合物譲渡担保（集合動産譲渡担保）です。

債権譲渡担保は、実務上多く利用されており、譲渡人の債務者に対する通知または債務者の承諾が債務者対抗要件として必要であり、または第三者対抗要件としてはそれらが確定日付ある証書で行われる必要があります。法人の債権譲渡の場合、第三者対抗要件として債権譲渡登記ファイルへの登記が認められています。債務者対抗要件は、登記についての債務者への通知または承諾とされています。

債権譲渡担保の対象債権は、集合債権である場合もあります。例えば、現在の債権だけでなく、将来の債権も含まれ、複数の第三債務者に対する多くの債権をまとめて（集合して）担保設定する方法が、集合債権譲渡担保です。

集合動産譲渡担保、集合債権譲渡担保を合わせて利用するＡＢＬ（Asset Based Lending）という担保手法が、近時よく使われるようになっています。

なお、債権の譲渡制限特約は原則として有効（悪意または重過失の譲受人に対しては履行を拒むことができる）とされ、将来債権の譲渡も可能です。

不動産譲渡担保は、実務上、それほど多く利用されていませんが、不動産という高額な物を担保とする重要な担保です。担保設定方法については、譲渡担保契約書を取り交わし、債権者が不動産の所有権の移転を受け、通常はその所有権移転登記を債権者に対し行うことになります。

(iii) 所有権留保　所有権留保は、商品を販売する場合に、買主は商品の引渡しを受け、利用できるものの、買主が商品代金を完済するまでは、商品の所有権を売主に留保する旨の約定をすることによって設定される担保です。仮に代金が支払われない場合は、売主はその商品の返却を受け、これを弁済に充てることができます。主として動産類の商品を対象としたものが、実務的には多く利用されています。所有権留保した商品が債務者の倉庫にある場合であっても、占有は債務者にあるので無断で引き揚げてしまうと窃盗罪や建造物侵入罪にあたるおそれがあるので注意が必要です。できれば債務者の担当者から何らかの書面の承諾を取るようにしましょう。

対象となる動産としては、商品の継続的な売買取引契約書によって所有権留保条項が定められているもの、機械類の所有権留保付売買契約書（割賦弁済が多い）が取り交わされているもの、自動車の所有権留保付売買契約によって契約書が取り交わされて、売主は自動車販売代金の完済があるまでは、陸運局での登録につき売主に所有権を留保しているものなどがあります。一般に買主は商品の処分ができない旨の転売禁止特約が結ばれますが、第三者に転売され即時取得が成立すると、売主は商品の所有権を失います。そのため、特に、登録の方法のない機械等については、第三者対抗要件として、所有権留保の旨のネームプレート等を対象機械に貼付しておくことが必要です。また、契約書に確定日付を取っておくことも必要になります。

その他、所有権留保担保の対象として、不動産・船舶等が考えられますが、いずれも登記・登録の方法により、売主は所有権を留保することが可能であり、確実な担保といえるでしょう。なお、割賦販売を行って所有権留保を設定する場合、一般消費者が多く使用する衣類、事務用品、電気製品等家庭用品を中心として多くの割賦販売法の対象物件があり、この場合には契約の取り決め方法に制限があることに注意する必要があります。

(iv) 質　権　質権とは、債権者が債務者から受け取った物（質物）を、債務が弁済されるまで手元に留め置き、弁済がないときはその物を競売して売却代金から優先弁済を受ける担保権です。民法上の質権は、営業質屋と異なり流質契約ができないのが原則です。質権は、その対象物件の占有を直接に債権者が行うことから、債務者が担保物件を有効利用することができません。そのため実際に多く利用されているのは、定期預金、敷金・保証金等の債権、損害保険金、知的財産権、有価証券などで、債権質の場合は、債権者が質入債権を第三債務者から直接取り立てることができるため有益です。他方、不動産、機械、動産類の商品は、実務上はほとんど利用されません。登記した船舶については質権設定が禁止されています。

質権に関しては、抵当権・根抵当権と同様に被担保債権に合わせて、質権・根質権があります。定期預金等の預金債権の質権設定については、質権者としては預金証書を直接占有し、債務者との質権設定契約書、預金証書発行金融機関の質権設定承諾書（確定日付の取得が必要）を保有しておくべきです。

敷金・保証金等の債権の質権設定は、質権者が、賃貸借契約書、敷金・保証金等の差し入れに関する契約書、敷金・保証金等に関する質権設定契約書、家主等の質権設定承諾書（確定日付の取得が必要）を保有しておくべきです。この場合、注意すべきことは、家主などの支払い能力の問題、敷金などは必ずしも全額返還とはなっておらず、さらに賃料滞納、賃貸借物件の毀損によって損料等が差し引かれることになるということです。

損害保険金の質権設定は、質権者は、損害保険証券、損害保険金質権設定契約書、損害保険会社の質権設定承諾書（確定日付の取得が必要）を保有しておくべきです。

知的財産権の質権設定については、質権設定を特許庁に登録することにより、著作権の質権設定については、文化庁に登録することによって対抗力を有します。

(v) 代物弁済予約・仮登記担保　債務者が、通常の弁済に代えて不動産、動産、有価証券等の物件により弁済を行うことを代物弁済といいます。これを予約することによって担保機能を持たせるのが、代物弁済予約です。この対象としては、あらゆる物件が考えられます。

仮登記担保は、代物弁済予約等を原因として、所有権等の仮登記を行って担保設定する方法をとります。仮登記担保の対象物件については登記・登録が可能なものであることが必要で、現実には不動産が中心です。仮登記担保には、根仮登記担保もあります。仮登記担保については、所有権移転を受けることを目的とするものの、目的物の価額が債権額を上回っている場合は清算義務があります。清算期間が経過するまでに他の債権者から競売手続がされた時には、競売手続において債権届出をして配当を受けるしかなく、また、根仮登記担保については、強制競売等においてその効力を有しないことなどの注意を必要とします。

ⅵ 保証・連帯保証・根保証・身元保証

これまでは物の担保について簡単に説明してきましたが、担保には物的担保だけでなく人的担保もあります。つまり、人の信用を基礎として担保する、人の債務保証を担保とするのです。

債務保証（通常の保証）とは、債務者が債権者に対して負担する債務の保証を、保証人が債権者との間で合意することです。保証契約は必ず書面で行わなければなりませんので、注意が必要です。保証人が債務を弁済すると、債務者に対する求償権を取得します。事業のために負担する貸金等債務の個人（経営者等を除く）による保証については、保証契約の締結の前一カ月以内に公正証書（保証意思宣明公正証書）を作成しないと効力を生じません。また、主債務者や債権者は保証人に対する各種情報提供義務があり、その対象や内容に注意が必要です。

連帯保証は、保証の合意の他に、連帯して保証する旨の合意が別に必要です。連帯保証と普通の保証との違いは、連帯保証は、連帯保証人が債務者と連帯して保証債務を負担し、債権者から連帯保証人に債務履行の請求があった時に、債務者にまず催告（催告の抗弁権）したり、保証人が債務者の執行容易な財産の存在を証明するなどして、債務者の有する資産がないことを確かめた上で請求する（検索の抗弁権）といった抗弁権がない（普通の保証の場合はこれらの抗弁権がある）、という点です。したがって、債務者に債務不履行があり債権者が請求してきた場合、連帯保証人は直ちに債務を弁済しなければなりません。

連帯保証による担保設定方法としては、連帯保証人が保証債務の内容を示し、その責任を負う旨記載された連帯保証書、もしくは連帯保証文言のある契約書に署名捺印をすることです。連帯保証債務として、ある特定された債務（例えば、ある金額の借入金債務）である場合と、現在の債務だけでなく、取引上の将来の継続的な債務についても保証する場合（根保証）とがあります。

根保証のうち、一定の範囲に属する不特定の債務を主たる債務とする保証契約であって、保証人が個人であるものを個人根保証契約といいます。例えば、継続的売買契約や賃貸借契約などの個人保証はこれに当たります。個人根保証契約については、書面による極度額の定めがないものは無効となり、元本確定事由が法定されています。主たる債務に貸金等債務を含む個人根保証契約については、元本確定期日、元本確定事由等に特則があります。なお、法人がする根保証についても、実務上極度額の定めや元本確定期日の定めをしておくべきです。

連帯保証は、経営者のみならず、その親族や知人からも取得することが慣行のように行われてきました。経営にかかわっていない者まで返済を迫られ、自己破産や自殺に追い込まれるケースが問題になっています。金融庁が公表した「経営者保証に関するガイドライン」においては、経営者の個人保証について、次のような点などを定めることとされています。

(a) 法人と個人が明確に分離されている場合などに、経営者の個人保証を求めないこと

(b) 多額の個人保証を行っていても、早期に事業再生や廃業を決断した際に一定の生活費等(従来の自由財産九九万円に加え、年齢等に応じて一〇〇万円〜三六〇万円)を残すことや、「華美でない」自宅に住み続けられることなどを検討すること

(c) 保証債務の履行時に返済しきれない債務残額は原則として免除すること

これにより、経営者保証の弊害を解消し、経営者による思い切った事業展開や、早期事業再生等を支援しています。第三者保証人についても、前記(b)、(c)については経営者本人と同様の取り扱いとなります。

身元保証とは、被用者に帰責事由のある損害賠償債務が発生したときに、これを保証するもので、身元保証に関する法律により、保証の存続期間(定めがなければ三年、最長で五年)、使用者の通知義務等の規制があります。また、身元保証契約書においては極度額を定めることが必要です。

② **法定担保**

法定担保には、先取特権と留置権とがあります。

(i) **先取特権** 先取特権とは、一定の債権について、他の債権者に先立って、債務者の財産を換価等して優先的に弁済が受けられる権利をいいます。例えば、商品を販売して引渡した後に、販売代金が支払われなかった場合は、先取特権を行使して、その販売した商品を換価して、換価代

金を販売代金にあてることができます。

民法上は、一般の先取特権（債務者の総財産の上に先取特権を有するもので、共益の費用、給料等）、動産の先取特権（債務者の特定動産の上に先取特権を有するもので、動産の保存、動産の売買等）、不動産の先取特権（債務者の特定不動産の上に先取特権を有するもので、不動産の保存等）が認められており、商法上は船舶の先取特権などが認められています。以下、実務上、特に関係ある先取特権について簡単に説明します。

動産売買先取特権は、動産売買代金債権に関するもので、この債権に債務不履行があれば、対象動産ないしは対象動産の転売代金債権に対して、先取特権の行使が民法上認められており、実務上よく利用されています。先取特権は法定担保物権なので、担保権設定に関する契約書等を必要としません。先取特権の行使には、対象動産ないしは債権に対して差押えをすることが認められています。なお、動産先取特権を行使する際には、対象動産を特定する必要がありますので、いつどの動産を販売したかを常に把握しておくことが必要です。

船舶先取特権は、商法上認められた債権のみ、権利行使を行うことができ、船舶先取特権を有する債権者は、かかる船舶に関する債権（例えば、船舶のバンカーオイル代金）について債務不履行があると、当該船舶に対して差押えをすることができます。船舶先取特権は、登記がなくても抵当権に優先することができますが、問題は、船舶は航行していることが多く、それも日本だけでなく、外国を航行することも多いので、日本法・外国法をよく研究して、いかにこれを有利に差し押さえるかが重要になります。

不動産の先取特権に関しては、不動産保存の先取特権は、不動産保存の費用に関して保存行為完了後、直ちに登記をすることによってその効力が認められ、不動産工事の先取特権については、工事の始まる前にその費用の予算額を登記することによってその効力が認められ、いずれも抵当権等に優先します。しかし、実際にこのような登記がなされることは少なく、実務的にはあまり利用されていません。不動産売買の先取特権については、不動産の代価およびその利息に関して、売買契約と同時に登記をすることによってその効力が認められますが、登記の順位に従って権利行使をすることになるので、抵当権等に対して当然に優先することはなく、したがって、これも実務的には利用されることは少ないと思います。

(ii) **留置権**　債務者が、債務不履行をした時に、債権者が債務者から預かっている物について、その債務が弁済されるまで留置することができる権利が留置権です。民法上認められる民事留置権と、商法上認められる商事留置権などがあります。

民事留置権は、留置する物に関して生じた債権について行使することができ、対象物件が債務者の所有でなくても構いません。商事留置権は、商取引によって生じた債権について(留置する物に関して生じた債権に限られない)、債権者が弁済を受けるまでは、債務者との間における商取引によって債権者の占有に帰した債務者所有の物・有価証券を留置することができます。

債権者は、留置権に基づいて、特に優先権を行使することはできませんが、債権の弁済がされるまで対象物件を留置することができます。ですから、結果的には、強力な担保であるといえるでしょう。債権者は対象物件につき、留置権に基づいて競売申立てをすることができ（換価するためだけの手続き）、売却代金から競売費用を控除した金額について留置権の行使をすることができます。商事留置権については、債務者の破産や民事再生手続開始の場合には別除権（破産・民事再生手続に関係なく担保権を行使できる権利）として、会社更生手続開始の場合には更生担保権として認められますが、民事留置権についてはかかる権利は認められません。なお、商事留置権としては、通常の商人の留置権だけでなく、代理商・問屋・運送人・運送取扱人・船長の留置権が認められています。

③ その他の担保

担保ではないのですが、担保的機能を備えているものとして、実務上よく利用されているのが、相殺と代理受領・振込指定です。

(i) 相 殺 債権者は、債務者から逆に債務を負担することによって債権・債務の相殺ができる関係をつくり、債務が債権に見合うものであれば、それらを相殺することによって債権についてすべて回収することができます。その意味で、相殺は、まさに強力な担保的機能を持っているといえます。相殺については、債権者の相殺すべき債権（自働債権）の弁済期が到来していること、相殺対象債権が相殺禁止の債権でないこと（相殺禁止特約がないこと、法律上相殺禁止となっていないこと）など相殺適状にあることが必要で、債権者が債務者に対する相殺通知を出すことによって一方的に相殺することができます。

相殺すべき債務（受働債権）について、他に譲渡・差押えなどをされた場合には、このような譲渡・差押えの前に債権者が自働債権を取得していれば、相殺が認められることになります。

相殺の方法としては、債権者が債務者に対して相殺通知書を出すことによって行われます。自働債権と受働債権とを対当額で相殺し、どの債権をどの債務に充当するのか明示することが必要になります。特約がなければ法定充当（要約すると、費用・利息・元本の順、元本相互間では相殺をする者にとって利益の多いものから）になります。

(ii) **代理受領・振込指定**　債権者は、債務者が持つ債権を債務者に代わって受領し、受領金を債務者に対する債権の弁済に充当するか、担保として預かることがあります。このように、債務者の債権を債務者に代わって債権者が受領することを代理受領といいます。これは、一種の担保機能を有するものとして実務上よく利用されています。

代理受領の方法としては、債権者が、あらかじめ債務者からある特定の債権について代理受領のための委任状を受け取り、別に代理受領に関する約定書を取り交わしておきます（確定日付を取得しておいた方がよい)。この委任状・約定書には、債務者がこの委任行為を一方的に取り消さないこと、代理受領金について債権者がいかに取り扱うかを取り決めておきます。

また、代理受領については、あらかじめ債務者の持つ債権の債務者(第三債務者)の承諾を取っておくべきです。この承諾書には、第三債務者が相殺等の抗弁を主張しないことなども合わせて約定してもらうことが必要です。しかし、代理受領対象の債権について他に差押え、債権譲渡等があれば、代理受領はこれには対抗できないことをよく認識しておくべきです。

同様に、債権者が、債務者の有している債権について、第三債務者から直接に債権者の取引銀行等の口座に振り込みをしてもらうようにあらかじめ約定をしておくのが、いわゆる振込指定です。債権者としては、債務者のみならず第三債務者にも振込指定の約定をしてもらうことが必要で、その約定には、第三債務者が相殺等の抗弁を主張しないこと、振り込まれた金員について債権者がどのように扱うかということなどを取り決めておくことが必要です。振込指定についても、債権者としては、対象債権につき他に差押え・債権譲渡等されると対抗できないことになります。

(2) 債権の管理

債権管理においては、債権の存在の確認、履行期の管理(期限の利益の喪失に注意)、債権の消滅(弁済、相殺など)に注意すべきです。消滅について忘れてならないことは、債権が時効によって消滅することです。担保があっても、被担保債権が時効によって消滅すると、担保権もなくなります。担保があるとつい安心をして、何も権利行使をしないまま、被担保債権が時効にかかってしまうことがあるのです。

時効の成立による効果を主張するためには、債権者による時効の援用（時効の利益を受ける旨の意思表示）が必要です。債権の消滅時効は次のとおりです。

(a)債権者が権利を行使することができることを知った時から五年

(b)権利を行使することができる時から一〇年

ただし、(b)については、人の生命・身体の侵害による損害賠償請求権は二〇年となります。また、不法行為による損害賠償請求権の消滅時効は、被害者またはその法定代理人が損害および加害者を知った時から三年、不法行為の時から二〇年とされています。ただし、人の生命・身体を害する不法行為による損害賠償請求権は被害者等が損害等を知った時から五年間となります。

債権においては、まず時効にかからせないようにすることが重要です。そのためには、時効の完成猶予（時効の完成を一時ストップする）の措置をとることが必要になります。時効の完成猶予の方法としては、裁判上の請求等、強制執行等、仮差押え・仮処分、催告、協議を行う旨の合意があります。確定判決等による権利の確定や債務者による承認があると、時効は更新（時効期間をリセットして再スタートする）されます。また、天災等権利行使が困難と認められる事由があるときにも時効の完成猶予が認められます。なお、催告については、完成猶予が認められている催告後六カ月以内に裁判上の請求等の手続きをとる必要があります。

いったん消滅時効にかかった債権についても、債権者としては、あきらめてはいけません。債務者が、時効の利益を放棄すれば、債権が時効消滅したことにならないからです。つまり、債務者が債務金額の承認をしたり、債務弁済の猶予を申し出たりすると、時効の利益を放棄したことになります。ただし、債権者としては、債務者より、しかるべく書面（債務承認弁済契約など）を取っておくことが必要です（物上保証・連帯保証を取得している場合には、物上保証人・連帯保証人からも同様の書面を取る必要がある）。

2―倒産と債権の回収

(1) 企業の倒産の種類

取引先が倒産という非常事態になった時、会社としては、いかに早く適切に対応するか、また、どのように債権回収をするのかが重要になります。まず、企業の倒産にはどのようなケースがあるのかを簡単に説明します。

企業の倒産には、法的整理と私的整理とがあります。法的整理は、裁判所の指導・監督下に置かれた整理手続であり、私的整理は、裁判所が関与することなく企業の債務整理をする方法です。

① 法的整理

法的整理には、企業の再建を目指す再建型の整理と、企業の清算を目指す清算型の整理がありま す。再建型の整理には、会社更生、民事再生があり、清算型の整理には破産、特別清算がありま す。法的整理が始まってしまうと債権者として取れる手段は限られてきますが、債権の届出をした上で、手続きの適正さを確認しつつ、適宜管財人等に否認権の行使を促すなどの関与を続けることも必要です。

(i) 会社更生　会社更生手続とは、経営上窮境にある株式会社について、会社更生法に基づき、債権者、株主その他利害関係人の利害を適切に調整して、その事業の維持更生を図っていく整理手続です。厳格かつ強力な手続きで相当の時間とコストがかかるため、大規模な株式会社に適用されます。

原則として、裁判所に選任された管財人（法律管財人には弁護士、事業管財人にはスポンサーから派遣された経済人が選任されることが多い）が、強い権限を持って更生計画を立案し、債権者等の協力を得ながら更生計画を進めていくことになります。

更生手続開始決定前に生じた債権（更生債権）の債権者は、原則として、更生計画に基づいてしか弁済が受けられず、独自に権利行使することができなくなります。

これに対して、更生手続開始決定後に生じた債権（共益債権）の債権者は、会社に対して請求が可能です。したがって、更生会社としては、開始決定が出た後は、取引先に対して、取引の維持を要請し、事業価値を毀損させないことが重要です。更生担保権者は、更生計画に基づいてしか弁済が受けられず、独自に権利行使することができなくなります。

更生手続開始決定後に、更生計画案の決議がなされ、法定要件が満たされれば更生計画が認可され、更生計画に基づく弁済が受けられます。

なお、近年、ＤＩＰ型の会社更生が活用されています。ＤＩＰとは、Debtor In Possession（占有債務者）の略で、ＤＩＰ型の会社更生とは、通常の会社更生のように管財人が主体となるのではなく、現経営陣が主導して更生手続を進める手続きです。現経営陣に不正行為等の違法な経営責任の問題がないこと、主要債権者が現経営陣の経営の関与に反対していないこと、スポンサーとなるべき者の了解等を要件として認められています。ＤＩＰ型の会社更生を利用することにより、早期の法的手続の利用を促進させ、事業価値の毀損を防ぐことが可能です。

(ii) **民事再生**　民事再生は、法人、個人（自然人）いずれの債務者にも適用され、原則として債務者（現経営陣）主導型（ＤＩＰ型）で事業の再建がなされます。管財人が選任される場合は少なく、監督委員が後見的な役割を果たすのが通常です。会社更生のように必ずしも厳格でなく、柔軟な規定もあるので、企業の再建に寄与するところが大とされています。

再生手続開始決定前に生じた債権（再生債権）の債権者は、原則として、再生計画に基づいてしか弁済が受けられず、独自に権利行使することができなくなります。

これに対して、再生手続開始決定後に生じた債権（共益債権）の債権者は、会社に対して請求が可能です。したがって、再生会社としては、開始決定後は、取引先に対して取引の維持を要請し、事業価値を毀損させないことが重要です。再生担保権者は、別除権者として再生手続外で権利行使ができます。再生に必要な担保物件については、担保権実行中止命令制度や担保権消滅制度が定められていますが、その権利行使につき別途協定が締結されることが多いのが実務です。

再生手続開始決定後に、再生計画案の決議がなされ、法定要件が満たされれば再生計画が認可され、再生計画に基づく弁済が受けられます。

なお、会社更生および民事再生の一類型として、プレパッケージ型会社更生・民事再生というものがあります。これは、会社更生・民事再生手続に入る前にあらかじめスポンサーが決まっている場合の更生・再生の手法の一つで、スポンサーからの資金の借り入れ等の支援をあらかじめ受けることができます。このため事業価値の毀損を防ぐことができ、取引先の信用性が高まり、円滑に手続きが進む点が特徴です。もっとも、債務超過にある会社を支援するスポンサーを探し出すことは難しいのが現状です。

民事再生と会社更生の主な違いは図表7－1の通りです。

図表７－１　民事再生と会社更生の違い

	民事再生	会社更生
主体	法人、個人	株式会社
手続遂行主体	現経営陣	更生管財人（※）
担保権の取り扱い	別除権（手続き外で権利行使可能）	更生担保権（手続き外での権利行使不可。計画に基づき弁済される）
租税債権の取り扱い	一般優先債権（手続き外で権利行使可能）	更生債権（手続き外での権利行使不可。計画に基づき弁済される）
開始決定から計画案の決議までの期間	平均６カ月	１～３年
可決要件	議決権者の過半数、かつ、議決権額の２分の１以上の同意が必要	更生債権については、議決権額の２分の１以上の同意、更生担保権については、議決権額の３分の２以上の同意が必要

※ DIP 型の会社更生の場合は、現経営陣が主体となります。

⒤ **破　産**　破産は、債務者が経営破綻をきたし、企業（自然人も対象となる）を維持することができなくなって、事業の再建が不可能になった時に債務者自身が破産申立てをするのが一般的です。債務者が倒産状態を放置したままで債務者の資産が散逸するおそれがある時や、ある特定の債権者のみに有利な弁済・担保提供等をしている時に、債権者が破産申立てをする場合もあります。いずれにしても事業の清算を目的とするものです。

破産原因は、支払不能、支払停止、債務超過です。破産手続開始決定が出されると、債務者の財産の管理処分権は、原則として破産管財人に移ります。債権者は、期間内に破産債権の届出をしなければ、原則として配当を受けることができません。ただし、破産財団の管理、換価、配当に関する費用の請求権などは財団債権として随時弁済が受けられます。

担保権者は、破産手続に関係なくこれを行使できます(別除権)。また、債権者は、破産者に対し債務を負っている場合は、一定の条件の下で相殺を行うことができます。他方で、管財人が強力な権限を持っており、公平な分配が図られ、債務者の資産の分散・隠匿等を防止しやすい手続きです。双方未履行の双務契約については破産管財人が契約の解除または履行の請求を選択できます。また、破産管財人は、手続開始前に破産者が行った破産債権者を害する行為について否認権を行使できます。しかし、手続きに長期間を要することも多く、その割には債権者への配当率が低い(数パーセント)場合が多いといえます。

ⅳ **特別清算**　特別清算は、解散した株式会社が清算の遂行に著しい支障をきたす事情が認められた場合、または会社に債務超過の疑いがあると認められた場合に行われる手続きです。裁判所が、債権者、清算人、監査役もしくは株主の申立てにより、または職権を持って会社に対し特別清算の開始を命じます。

債権者の三分の二以上の同意により協定を成立させるか、債権者と個別に和解契約を結ぶことによって、債権者平等の原則を建前としつつ、簡易・迅速に柔軟な処理を行うことができます。しかし、清算人が破産のように思い切った手を打つことができず、配当財源確保が困難なことがあるといった点が特色です。

② 私的整理

私的整理は、債務者である企業が手形不渡り・経営破綻等の状態になった場合に、裁判所の関与なく、債務者および債権者の合意により整理手続を行っていく方法です。任意整理、内整理ともいいます。民事再生や破産のように手続きがオープンにならないため、風評被害等がなく本業を続けながら整理手続を進めていくことができ、うまくいけば早期に整理が可能です。しかし、裁判所が関与しないことから、債権者への公平な配当がなされないことがあります。このような私的整理には、次のようなパターンがあります。

(i) **私的整理ガイドライン**　私的整理の一つとして、私的整理ガイドラインによる私的整理という手法があります。再建計画案が満たすべき要件が厳しく、債権者間の意見がまとまりにくいということがあり、あまり利用されていません。

(ii) **事業再生ADR**　事業再生ADRは、専門家による監督があるという法的整理のメリットと、商取引を円滑に続けられるという私的整理のメリットの双方を融合させた制度です。事業再生ADRは、基本的に金融機関を相手方として調整を進めるもので、取引先を巻き込まなくてよいので、商取引を円滑に進めることができます。また、事業再生ADR事業者という専門家による監督の下で進められ、公正さが担保されます。さらに、一定の融資については仮に法的整理に移行したとしても優先弁済がなされます。ただし、金融機関の全員一致が必要なため成立のハードルが高く、この事業再生ＡＤＲによっても整理が困難とされる場合は、法的整理（例えば会社更生手続）に移行する場合があります。

(iii) **特定調停**　支払不能に陥るおそれのある債務者の経済的再生に資するため、民事調停の特例として特定調停の手続きが設けられています。裁判所が一定の関与をして、当事者間の合意成立を目指します。

(iv) **公的機関によるもの**　公的機関が関与する私的整理手続としては、中小企業再生支援協議会、地域経済活性化支援機構、整理回収機構（ＲＣＣ）によるものなどがあります。

③ **事実上の倒産**

法的整理や私的整理に入る前段階として、事実上の倒産という概念があります。これは、一回目の手形不渡りから六カ月内に二回目の不渡りとなり、銀行から取引停止処分を受けた場合等をいいます。銀行からの取引停止処分により、債権者としては取引先から債権を回収することが困難になります。また、取引先の経営者らが財産等を運んで夜逃げをした場合にも、債権を回収することは困難です。このようなことにならないよう、債権者としては、取引先の資金繰り状況を常に監視（モニタリング）しておくことが重要です。

(2) 債権の回収

① 債権回収の必要性

前述の通り、債務者が倒産してしまうと債権の回収はほとんど期待できません。債権者としては、少しでも早く倒産の前兆をつかみ、迅速に回収を始めることが重要になります。取引先からの債権回収において、債権者としてまず行うべきことは、契約の内容を確認し、取りうる回収手段を検討するとともに、売り渡した商品などがどこにあるかを確認することです。当該商品代金が未払いであれば動産売買先取特権を有しており、堂々と取引先に対して当該商品の引渡し（商品引き揚げ）を求めるべきです。

引渡しがなされない場合、当該商品に対して差押え手続をとることになります。当該商品が転売されていれば、動産売買先取特権を前提に転売代金債権に対して差押え手続をとるべきです（物上代位）。差押え手続は、商品の特定が困難なことも多く、簡単にできるものではありませんが、とにかくベストをつくすべきです。

債権に見合う債務があれば、相殺通知を行い、債権の弁済期限に合わせて相殺すれば回収できたことになります。したがって、相互に商品を売買している取引先との間では、日ごろから債権債務のバランスを管理することが重要になります。取引先の信用不安を理由に商品の出荷を止めることも検討すべきです（不安の抗弁権）。

債権者としては、担保があればタイムリーに実行すべきです。債権をカバーする担保がなければ、あらゆる努力をして、取引先に対して担保の提供または債務弁済を求めるべきです。これらの行為については、後日、詐害行為ということで、破産管財人から否認権を行使される可能性がありますが、それらは不法行為ではありません。和解という方法もあり、債権者の立場として債権回収のための努力をすることは当然のことであり、非難されるものではありません。

債務者が、所有不動産等を第三者に廉価で売却し、他に見るべき資産がないような場合は、詐害行為取消権の行使を検討すべきです。これは、債務者が債権者を害することを知ってした行為の取消しを裁判所に請求できる権利です。

また、債権者代位権の行使も検討すべきです。これは、債権者が自己の債権を保全するために、債務者に属する権利を債務者に代わって行使する権利です。要件としては、(a)債権の履行期の到来、(b)債務者の無資力、(c)債務者による被代位権利の不行使などがあります。

債権回収については、いずれにしても、債務者に関する信用情報や資産内容を示す資料の収集と、迅速かつ適切な法的手続が必要であることをよく認識しておくべきです。

② **差押え・仮差押え・仮処分について**

債権回収の手段としての、差押え、仮差押え、仮処分について説明します。

(i) **差押え**　裁判所の手続きにおいて、債務者の資産に差押えを行う、いわば強制的に回収する手段（強制執行手続）が認められるためには、債務名義を必要とします。債務名義には、確定判決（確定した給付判決）、仮執行の宣言を付した判決、仮執行宣言付支払督促、執行判決、執行証書（執行認諾文言付公正証書）、和解・調停・認諾調書の記載、会社更生法・破産法・民事再生法に基づく債権者表の記載などがあります。この中でも、執行証書は、公証人の面前で比較的簡単に作成することができ、裁判手続を経ないで強制執行できる債務名義です。金銭債権に関する契約を結ぶ場合は、執行証書の作成を検討すべきです。

債務者の資産に対して、管轄裁判所において差押え手続がなされると、不動産については、執行裁判所で強制競売・強制管理の方法によって換価され、動産については、執行官において売却の方法によって換価され、それぞれ債権者に配当されます。金銭債権については、差押命令送達後に債権者が自ら取り立てるか、執行裁判所で転付命令・譲渡命令等によって回収されるという手続きがとられます。

なお、財産開示手続において、債務者以外の第三者（金融機関、登記所、市町村等）から債務者の財産に関する情報を取得することができます。

(ii) 仮差押え　債権者は、債務名義がなければ、債務者の資産に対して差押えを行うことができません。債務名義を取るのに時間がかかると、その間に資産が散逸するおそれもあります。債務名義の取得前に、債務者の資産を何らかの方法で押さえたいという場合には、債権者は、管轄裁判所において、債務者の有する資産に対して仮差押えをして財産保全を行うことが認められています。この後、債務者に対する訴訟による確定判決を得るなど、債務名義を取得して強制執行手続をすればよいのです。

仮差押えの申立ては、本案訴訟の管轄裁判所（通常は地方裁判所）か、仮差押えの目的物の所在地の地方裁判所で行います。その際は、被保全権利の存在と保全の必要性を主張し、疎明（証明より立証の程度は低い）しなければなりません。不動産については、仮差押登記をすることが必要です。また、仮差押目的物の価額、被保全債権の確実性、疎明の程度等を考慮して裁判所が決定した担保を提供することが必要です。

ⅲ **仮処分**　差押え・仮差押えが、金銭債権請求に基づく強制執行であるのに対し、仮処分は、債権者の担保権に関して物の引渡し・不動産の登記等に関する権利の保全を図る手続きをとる場合や、債権の支払等を差し止めるべく保全をする手続きをとる場合等に利用されます。

仮処分には、不動産・動産等の引渡請求権を保全するための処分禁止・占有移転禁止等を目的とするもの、係争状態における仮の地位を定めるもの、所有権その他の権利に基づいて、ある行為の作為や不作為を求めるものなどいろいろな形態があり、非常に範囲が広いといえます。作為・不作為を命じる仮処分の執行は、その仮処分命令が、債務名義と同じ効力を持つものとされています。登記等のできる不動産・船舶、その他の財産権について処分禁止等の仮処分命令が出された場合、執行裁判所には発令裁判所がなり、裁判所書記官が登記等の嘱託等一連の手続きを行うことについては、仮差押手続規定が準用されています。裁判所は、仮処分決定を発するに際し、仮差押えの場合と同様に、債権者に対して担保を提供させることになります。

③ リストラクチャリングと債権管理

厳しいグローバル競争の中で、日本企業は、事業の選択と集中やリストラクチャリング（リストラ）を行っています。このリストラと債権管理は密接に関係しています。

現在の日本では、金融機関が金融機関に対して、あるいは金融機関が事業会社に対して、債権者として約定通りの債権回収ができていないケースが多くあります。こういう場合、担保を取っていたとしても、担保不動産や担保株式等の価値の暴落により、債権と比べて多額の担保不足の状態になっています。ですから、担保権の実行をしてみても十分な債権回収ができません。といって債務者を倒産させてしまうと、多額の回収不能債権を発生させると同時に、債務者のみならず、他の債権者や従業員にもたいへんな影響を与えることになります。例えば、連鎖倒産が発生するなど、経済的なパニック状態を起こしかねないケースも存在しています。

そこで、現実には、一部の債権者は、他の債権者と共同歩調をとりながら、金利すら回収できずに、債務者のリストラを行い、担保物件をタイミングを見ながら処理していくという方法をとらざるを得ないという状況になっています。もちろん、債権者も、それにより会社の業績が悪化するので、これもまたリストラを行わざるを得ないということになります。つまり、債権回収ができないことによる損失を、リストラによって少しでも減らそうという結果になっているのです。

リストラの内容としては、資産の売却、余剰人員の大幅な削減、業務の効率化、不良資産の処理・償却、経費の削減、会社の組織のスリム化といったところが主なものです。また、親会社・子会社・関係会社間における体制・取引・人員・組織等の見直しをする場合もあるでしょう。あるいは、債務者の債務を株式に交換するデット・エクイティ・スワップ（DES）、債務を別の条件の債務に変更するデット・デット・スワップ（DDS）、会社間の合併、会社分割、事業譲渡などを行うという場合もあるでしょう。

これらのリストラは、いずれも民法・会社法・労働法・税法・独占禁止法など多くの法律がかかわってきます。債権管理・回収やリストラには、実際、たいへんな労力や手間がかかり、また、広い知識・経験と細やかな配慮も必要となります。思い切って不良部分をカットしたり、改善するためには、スピードと決断力が必要になります。特に不稼働人員を削減するには、退職勧奨、他への就職斡旋、配置転換などと、人が人を動かすわけですから、大変な苦労を要します。しかし、どんな苦労や困難があっても、リストラをすることによって会社がよくなるのであれば、一番苦しいときに大英断を下さなければなりません。

④ サービサー

弁護士以外の者が、報酬を得る目的で、通常の状態では満足を受けられない債権につき、債権者から取立ての委任を受けて、その取立てのための請求、弁済の受領、債務の免除等の行為を業としてすることや、他人の権利を譲り受けて、訴訟、調停、和解その他の手段によって、その権利の実行をすることを業とすることは、弁護士法第七二条および第七三条によって禁止されています（非弁行為）。しかし、「債権管理回収業に関する特別措置法」（いわゆる「サービサー法」）に基づいて許可を受けたサービサー（債権回収会社）は、同法所定の特定金銭債権について委託を受けたり、他人から譲り受けたりして、その債権の管理回収を業として行うことができるものとされています。特定金融債権は、金融機関の有する貸付債権、リース・クレジット債権、法的倒産手続中の者が有する債権、保証契約に基づく債権などに限定されています。

Ⅷ　紛争防止と紛争処理

1―どのようなときに紛争が起きるか

(1) 自社に責任がある場合のパターン

会社が事業活動を行っていく中で、自社の責任によるクレームや紛争が起きないように最善を尽くすことは当然ですが、最大限注意をしていたとしても、様々な経緯で自社に責任が帰属する形で紛争が起きてしまうことがあります。

① 納入した製品等に問題がある場合

自社が製品等を納入する立場におかれた場合、自社製品に技術上の欠陥があったり、数量不足の形で製品を納入してしまった場合など、納入した自社の製品等自体に問題がある場合に、会社として債務不履行責任または契約不適合責任を取らざるを得ないことになります。物理的な欠陥等がある場合はもちろんですが、特許権等の知的財産権を侵害する製品を作ってしまうなど、法的な欠陥がある場合もあります。

必ずしも自社自らのミスでなかったとしても、製品の材料を提供した取引先、製品のデザインや製造に関与した下請先、孫請先のミスや、製品の配送業者など、自社の製品の製造、納入のために自社の責任において協力をお願いした業者のミスについては、取引の相手方との関係では、第一次的には自社の責任ということになります。

また、製品を製造、加工または輸入した業者や、製造者として製造物にその氏名、商号、商標等の表示をした者など（以下「製造業者等」という）は、消費者等が当該製品の欠陥によって損害を被った場合においては、消費者等との直接の取引関係がなかったとしても、また過失がなかったとしても、製造物責任（ＰＬ）を負う場合があります。製造物責任法は、製造物の欠陥により、他人の生命・身体・財産に損害が生じた場合、製造業者等に損害賠償責任を負わせるものです。「製造物」とは、「製造又は加工された動産」をいい、不動産やサービスは含みません。「欠陥」とは、製造物が通常有すべき安全性を欠いていることをいい、設計上、製造上および指示・警告上という三つの態様があります。メーカーには重い責任が生じるため、生産物賠償責任保険の付保や社内の体制整備が必要です。

さらに、製品の欠陥が判明した場合、消費生活用製品安全法、道路運送車両法、薬機法などの法令に基づきリコールが命じられることがあります。多くのケースは、製造業者・販売業者が自主的にリコールを行います。

② 自社の対応に契約違反等がある場合

金銭的な義務を負う場合、支払い時期が約束の時期から遅れてしまったり、自社が製品等を納入する立場である場合でも、契約に反し納期が遅れてしまったりするなど、取引先との契約上の義務を遵守できなかった場合が考えられます。

書面で契約が締結されている場合はもちろん、口頭での約束でも契約は成立します。特に納期や債務の支払い時期などについては、後に証拠を残して争いにならないよう書面を作成するとともに、安易に相手に約束したと受け取られないようにすることも肝要です。また、契約書の内容と取引の実態に乖離があったり、取引条件の変更が契約書に反映されていなかったりすると紛争が生じやすくなります。

③ その他自社の対応に問題がある場合

特に契約違反等があるわけではなく、納入した製品自体には欠陥がなかったとしても、対応をした従業員の受け答えが不十分だったり、問い合わせに対して十分な確認作業等をすることなく誤った情報を流すなど、自社の具体的な対応如何により、紛争やトラブルになることもあります。

そもそも契約関係がなくても、自社の故意・過失により相手方に損害を与えた場合は、不法行為が成立し、損害賠償責任を負うことがあります。不法行為に関しては、加害行為と損害との間の相当因果関係の有無や、損害賠償の範囲（通常損害か特別損害か、逸失利益の額、過失相殺・

損益相殺など）がよく争点になります。また、従業員が「その事業の執行について」不法行為を行った場合、使用者である会社が使用者責任を負い、建物等から事故が発生した場合、その所者が土地工作物責任を負う可能性もあります。

(2) 自社に責任があるとは必ずしも思われない場合のパターン

他方、必ずしも自社に責任があるとはいえない場合でも、対応の仕方によって、紛争やトラブルに発展してしまうこともあります。

契約内容や法令等の規制に関する相手方の勘違いによることもありますが、業務委託先の対応等が十分でなく、当方に非がなくても、クレームに発展することはしばしばあります。このような場合は、事実に関する必要な調査をし迅速に対応をすることが、何よりも大事になります。

当初、相手方が当方に責任があることを前提にしてクレームをつけてきた場合でも、よく事情を聞いてみると、当方に責任はなかったということもあるでしょう。しかし、相手方の立場からすると、いったんクレームをつけてきた手前、なかなか引くに引けない、ということもあります。

2―紛争を未然に防ぐには

事業活動を行うのに紛争はつきものですが、紛争の発生はできる限り防止し、本来の事業活動に集中できるような体制を整えるべきなのは当然のことです。

紛争を未然に防ぐためには、取引上紛争になりそうな点をあらかじめ想定し、契約書で自社に有利になるように明確に規定しておくよう心がけましょう。また、紛争の萌芽となるような製品の欠陥、数量不足、法令違反行為への監視体制等を整備することが重要です。紛争を未然に防止するための内部統制システムやコンプライアンス体制の整備、個々の役員や従業員のリーガルセンス、リーガルマインドの醸成や法務教育の必要性については、第Ⅰ章2節、3節を参照してください。

3―本格的な紛争に発展する前に――クレームへの対応

紛争を未然に防ぐための体制を整備し、日ごろから従業員教育を徹底することにより、できる限り紛争が起きないようにすることは第一ですが、仮に紛争が起きてしまったとしても、その影響が小さいうちに紛争の芽を摘んでおくことは、次善の課題です。

ここで、影響が小さいうちに紛争の芽を摘んでおく、という意味は、担当者の責任において、限られた範囲だけで解決をすべきということではありません。紛争が起きてしまった場合、とかく当事者は、自分自身あるいはその周囲の限られた範囲で何とか解決を図り、会社内の他の部署に影響を与えないようにしようという意識傾向が強くなりがちで、それが美徳であるかのような誤った意識を持っている方も多いように思います。

しかし、自分だけの判断であっても、上司や他の専門部署の意見を反映した判断であっても、紛争やクレームの相手方から見れば、いずれも会社の対応として捉えられることになります。限定した範囲で抱え込んだことで、万が一紛争やクレームがエスカレートした場合、もはや自分自身だけでは解決できない事態になってしまうことも考えられます。紛争やクレームが発生したときは、その対応について関係する部署や直接の上司に早期に報告をしたり、一定の経験や知識がある部署や外部の専門家に相談することで、当事者が考えた対応方策よりも、より早期解決を図れる対応策がみつかることもあります。こういう場合は、限定した範囲で対応するのではなく、必要な範囲でしっかりと情報共有し、全体の中で対応を検討する姿勢を心がけるべきでしょう。

⑴ 相手方の主張を十分に聞いて把握する

クレームを述べてきた相手方は、会社に何か言いたいことがあって連絡をしてきています。まず相手方の主張を十分に聞くことからクレーム対応は始まります。

会社の行為の、何について不満があるのか（商品の品質か、数量か、納期か、あるいは従業員の対応の不備か）、それが起きた日時、場所、そのときの様子（天候や周囲の状況など）、不満について誰の、どのような対応を求めているのか、その他相手方の具体的な主張を、事細かに聞くようにしましょう。

中には、とにかく誰かに聞いてもらえればそれで満足、という人もいます。最初に連絡を受けた人が、相手方の立場を踏まえて事情を十分に聞くことができたかどうかは、クレームの初動対応のためには極めて重要です。

相手方の主張の当否を判断する上で必要なことは、最初に連絡してきた段階で、できる限り全て整理して聞いておくべきです。相手方は不満を持って連絡をしてきているのですから、何度も電話などで聞き直すことはできないかもしれません。

加えて重要なことは、相手方の主張が事実かどうか、仮に事実だとしても会社に責任があることなのか、この段階では判断できないし、軽率に判断すべきではない、ということです。クレームの処理をしなければならなくなったあなたとしては、その場の状況から一刻も早く逃れたいと感じるのは当然ですが、だからといって、軽率に自社の責任を認めて謝罪をしてしまったり、逆に自社に責任はないなどと強弁してしまうと、後に調査の結果、逆の結論になったときに、取り返しのつかないことになり、紛争をさらに混乱させることになりかねません。「お伺いした事情をもとに社内でも詳しく検討しますので、できる限り状況を詳しく教えて欲しい」「社内で検討してからでないと、現時点でご質問にはお答えいたしかねますので、改めてご連絡いたします」といった形で回答をし、この段階で断定的な回答をするのは避けるべきでしょう。

また、聞き取った内容は必ずメモし、後に記録として残すことは当然です。メモには、連絡があった日時、相手方の属性（可能な範囲で、氏名、連絡先〈ナンバーディスプレイの電話番号〉、性別、年齢など）も忘れずに記載します。音声の録音についても検討すべきでしょう。

⑵ 客観的な事実関係を調査する

クレームの内容を十分に聞き取ったら、相手方の主張が本当に事実かどうか、社内の担当部署とも協力して十分に調査します。担当部署が複数ある場合、部署ごとに把握している事実が異なれば、担当部署同士が情報を出し合い、対外的に前提になっている客観的事実は何かを詳細に検討します。部署同士で責任を押し付けあったりすることのないようにしましょう。

相手方のクレームが法的な問題であれば、法令等の調査も必要になります。その場合は、事業の担当者だけではなく、法務部門や、場合によっては外部の顧問弁護士などにも連絡をし、事実関係の把握につとめるようにします。

⑶ 自社に責任があるかどうか検討する

⑵で客観的な事実関係を把握したら、続いて、相手方からのクレームについてどのように対応すべきか、社内で検討します。ここでの検討は、担当部署だけでなく、関係する部署、法務部門なども交えて、社内全体として検討すべきです。実際に事業にかかわった担当部署は、事業がうまくいくことを企図して行動しているわけですから、元々クレームや紛争などが発生することは予想しておらず、法的な問題があるとは思ってもいないケースがほとんどです。実際にクレームが発生したときに、担当部署に対応を任せてしまえば、どうしてクレームが発生したのか、その原因について自社に責任があるのかどうか、客観的に判断することは難しくなってしまいます。

また、この場面でも、法的な問題については、臆することなく外部の顧問弁護士などを積極的に活用することが肝要でしょう。

(4) とるべき対応を決める

① 責任の有無にかかわらずとるべき対応

(2)、(3)の対応の後、当方のスタンスが決まったら、特に相手方から返信は不要である旨の意思表示がない限りは、相手方に対し、返信をすることになります。

返信に先立ち、(2)、(3)の調査内容については、きちんとメモにまとめるようにします。相手方への返信は、当該メモを踏まえて行うようにし、返信の内容が二転三転しないように注意します。電話か、メールか、書簡か、具体的にどのような形で返信をするかは事案によりますが、第一に相手方の希望に沿って、希望がなければ、相手方が採った手段を当方も採用するのが原則でしょう。事例にもよりますが、当方から一定の提案をする場合などでは、当該提案をした事実自体と提案内容の両方をあとで証明できるよう内容証明郵便で返信するというのも一考です。特に、契約の解除や一定の金員の請求など重要な意思表示を含む場合で、証拠を残す必要や確定日付を得る必要があるケースでは、内容証明郵便を利用するのが原則といえるでしょう。

自社に責任があるかどうかを問わず、どのように返信するか、どのような提案をするかは非常に重要です。クレームを早期に収束させ、紛争を激化させないために、当方の責任の大小だけでなく、相手方の属性、性格も踏まえ、慎重な判断が必要です。紛争処理の経験が豊富な総務部門、法務部門、弁護士などへの相談で、よいアイデアが生まれることもあるため、何ごとも限られた範囲で解決しようとするのではなく、複数の目で客観的に対応を検討するようにしましょう。

②自社に責任があると思われる場合の対応

当方に責任があると思われる場合は、クレームに対し、当方の立場を明確にし、会社としての対応を相手方に伝えます。具体的な提案をする場合には、提案内容はもちろん、①に記載のとおり、どのような形で返信するかも重要です。

当方に全面的に過失がある場合、謝罪することも考えられますが、謝罪をすることでさらに相手方を増長させることもあるため、謝罪をするかどうか、謝罪するときはその内容や方法について慎重な検討が必要です。

③自社に責任がないと思われる場合の対応

当方に責任がない場合の方が、実は対応が難しいともいえます。当方に責任がないにもかかわらず、相手方は何らかの不満をもってクレームを言ってきているわけですから、相手方の不満を収束させるためにどう回答するか、責任がある場合と同様に、より慎重な判断を要します。

特に、前述した、当方に責任があるとまではいえないものの、クレームに発展してしまったというような場合は、仮に謝罪をするとしても、どこまでの事実を認め、何について謝罪をするのかを十分に検討しないと、後にあらぬ責任を問われることにもなりかねません。

また、インターネット上に会社を誹謗中傷する発信者不明の書き込みがなされることもあります。対応としては、サイト管理者またはサーバー管理者への削除請求や、発信者情報開示請求・発信者情報開示命令の申立てを検討することになります。ただし、これらがインターネット上での再炎上につながるリスクもあります。

当方に責任はないが、クレームの内容や相手方への対応が難しいと思われる場合などには、責任がある場合よりもさらに積極的に、顧問弁護士などと連携して対応を検討するべきでしょう。

4—紛争が起きてしまった場合の対応

前述のような対応をしてもなお、クレームが紛争になってしまうことはあります。自社の対応に問題がなかったり、仮に紛争の萌芽を極力摘みとる対応をしたとしても、紛争には相手方のあることですから、相手方の対応如何により、法的措置をとらざるを得ない場合もあるでしょう。紛争の見通しを立て、取り得る措置を総合的に検討する必要があります。

このような紛争対応は、通常の事業活動との関係では、とかく特別な事象であるかのような捉え方をされがちです。しかし、現実に会社外の相手方との関係で取引をし、事業活動をしていく中で、紛争処理は会社としての重要な一課題であり、何も特別事象なわけではありません。会社としては、紛争が起きてしまうことも、会社が抱える取引リスクのひとつとして捉え、その対応を普段から検討しておくことが肝要です。

(1) 紛争が起きてしまった原因についての調査

① 会社内部での調査

本章3節の(2)、(3)で述べたとおり、クレームがあった段階で十分な調査をしていれば、クレームが紛争に発展した場合に改めて調査をする必要はないはずです。

しかし、実際は、紛争が顕在化していないクレーム段階の調査は、どうしても手薄になりがちです。紛争になってしまった以上、改めてクレーム段階での調査に漏れがないか、法務部、監査役、社外取締役などが中心になって、それまで関与していなかった部署にも確認をしつつ、十分な調査をするように心がけましょう。

② 第三者委員会の設置

会社内部の調査だけでは客観性に問題がある場合、法令違反行為や社会的に非難を招くような不適切な行為について、会社外の者を構成メンバーとする第三者委員会を設けて、客観的な調査を依頼するケースが増えています。会社内部の調査だけでは、どうしても調査がおざなりになったり、会社内部の論理にしばられ、客観的に事実を把握できない場合があるからです。

第三者委員会が設置される場合には、弁護士がその主要なメンバーとなるのが通例ですが、弁護士の中でも、普段から会社とのつながりがある顧問弁護士などではなく、より客観的な立場の弁護士が就任するのが適切といえるでしょう。日弁連では、第三者委員会のあり方について、ガイドラインを設けて周知を図っており、参考になります。

(2) 紛争の解決手段

① 弁護士による交渉

紛争の解決については、まずは、代理人等を介さずに、当事者同士で折衝・交渉を重ねていくべきですが、当事者同士の話し合いだけでは平行線で、全然解決の方向に進まないことがあります。そのような場合には、当事者同士ではなく、当事者双方が、法的素養と専門的知識を有する代理人を介して交渉を進めることも考慮すべきです。

裁判等になってしまえば、おのずと紛争が長引き、紛争の解決にばかり注力することで、本来の業務が滞ってしまいかねません。このような事態を防ぐためには、代理人を立てることも視野に、早期に話し合いでの解決を模索することが肝要です。

(i) 外部弁護士（顧問弁護士等）の活用　代理人弁護士を依頼しようとする場合、会社の顧問弁護士や、顧問契約までは締結していなくても、それまでに会社との付き合いのあった弁護士に頼むのが一般的です。そのような弁護士がいない場合でも、社内外のネットワークを使って情報を集め、実際に相談をしてみて、会社に合った専門性のある弁護士を探すのがよいでしょう。

(ii) **企業内弁護士の活用**　これまでは、(i)のように、紛争が顕在化するたびに外部の弁護士に依頼をするというのが一般的でしたが、近年は、紛争を未然に防止したり、紛争が起きてしまった後においても迅速に対応できるよう、企業内弁護士を常置する企業も増えています。そのような弁護士は、普段から会社の気風や業務のこともよく知っていますし、仮に紛争が起きてしまったとしても、これに機敏に対応することができます。

必要なときにいつでも法的な問題を相談できる弁護士がいることで、無用な紛争を避けることが期待できることはもちろん、会社の中に弁護士がいることで、役員や従業員のコンプライアンス意識を高める効果もあることから、日本における企業内弁護士の数は、近年大きく増加しています。会社に企業内弁護士がいる場合には、何かトラブルに発展しそうだなと感じることがあれば、臆することなく積極的に利用するべきでしょう。

② **調停手続／支払督促／仲裁手続／裁判外紛争処理制度**

弁護士同士の話し合いでも解決ができない時には、裁判所の調停手続に入ったり、財産上の請求については、訴え提起前に和解の試みをする、即決和解の手続きを利用することも考えられます。当事者だけの話し合いではなく、間に調停委員や裁判官が介在することで、話し合いによる解決の道が見えてくるということもあります。調停案や和解案は拒否できますが、調停調書や和解調書が作成されると債務名義となり、強制執行が可能となります。

支払督促とは、金銭支払請求権等について簡易裁判所書記官に申し立て、書記官から債務者に向けて発せられるものです。相手方が争わなければ、そのまま確定して債務名義となりますが、争われると通常訴訟に移行するので、かえって時間がかかってしまいます。

仲裁とは、あらかじめ契約書に、当事者間で紛争が生じた時には、しかるべき仲裁機関（仲裁人）による仲裁判断に委ねるという取り決めがある場合に行われる手続きです。そのような取り決めがある場合には、仲裁法に従った手続きに入ることになり、当事者が単独で裁判手続に持ち込むことはできません。仲裁には確定した裁判の判決と同様の効果があるとされており、仲裁判断に不服があっても、さらに裁判手続に持ち込むことはできません（国際仲裁については、第Ⅵ章2節⑶③参照）。

裁判外紛争解決制度（ＡＤＲ　Alternative Dispute Resolution の略）といって、原則として裁判でなされることになる紛争の解決につき、時間や費用をあまりかけないで、非公開による当事者の意向を尊重した紛争解決を図る制度・仕組みが作られている場合もあります。

第Ⅶ章2節で述べた事業再生ＡＤＲ（事業再生に関する裁判外紛争解決制度）や金融ＡＤＲ（金融分野における裁判外紛争解決制度）、国民生活センター紛争解決委員によるＡＤＲなど、さまざまな分野で、時間や費用のあまりかからない裁判外での紛争解決制度が構築されています。仲裁もADRの一種です。

③ 裁判手続

以上のような話し合いを基礎とする手段で解決を図ることができない場合には、クレームを申し立てる側の当事者が、事件を管轄する裁判所において、相手方当事者に対して訴訟を提起することになります。契約書に合意管轄の規定があれば、そこに定められた裁判所において、このような定めがなければ、相手方(被告)の本社・営業所等、訴える側(原告)の本社・営業所等、契約締結地、クレーム発生地等を管轄する裁判所のいずれか(クレームの類型によって異なる)において裁判を行います。裁判の第一審は、訴額が低いケース(一四〇万円以下)については簡易裁判所で、通常は地方裁判所で行われます。

ひとたび裁判を起こせば、訴え提起から判決までに一、二年かかることもよくあります。また当事者の一方が判決に不服であれば、控訴審、上告審があるため、最終結論が出るまでに四、五年かかることもあり、相手が判決に従わず強制執行が必要になることもあります。たとえ訴訟に勝っても、経済的には大きな損失を招くということもありえます。そのような事態を避けるため、一審あるいは二審の途中で、裁判所が関与した形で当事者間の和解が成立することもあります。裁判上の和解では、裁判所において和解調書が作成され、判決と同様の効力を有します。

民事訴訟では、法的効果が生じるための要件(要件事実)と、それに対応する具体的事実(主要事実）について、その主張責任・立証責任を意識しながら主張・立証を行います。そこでは、弁護士と法務部との役割分担とチームワークが重要になります。

証拠調べにおいては、証人尋問、書証調べ、鑑定などが行われますが、判決では書証が重視される傾向があります。そのため、取引や交渉の過程を、議事録やメモ等の形で書面または電磁的記録の形で残しておくことが大切です。

なお、六〇万円以下の金銭債権については、一回の口頭弁論期日で判決が出る少額訴訟手続を利用することもできますが、証拠制限や控訴制限があり、複雑な事案には適しません。

④ **刑事事件**

企業の紛争においては、刑事事件に発展する場合もあります。また、刑事告発することによりあえて刑事事件にすることによって、民事上の紛争解決につながることもあります。企業犯罪には、主に次のようなものがあります。

(i) **企業自体が処罰されるもの**　独占禁止法や各種業法、公害法などの行政刑法においては、企業自身とともに企業の代表者等を処罰することができるとする両罰規定が設けられています。

(ii) **企業の役員や従業員がその業務に関連して処罰されるもの**　各種金融不祥事、総会屋に対する利益供与、各種の汚職事件のように企業の役職員等がかかわる様々な社会問題については、刑法上の背任罪や横領罪、贈賄罪、会社法上の特別背任罪、利益供与罪、あるいは金融商品取引法や独占禁止法などの経済法令で規定される犯罪などが問題となります。

(iii) 企業が被害者となり、加害者を告訴するもの　業務妨害罪、信用毀損罪、不正アクセス禁止法違反、知的財産権の侵害、産業スパイによる機密の漏洩、業務上横領等が考えられます。

5―特殊な紛争――反社会的勢力への対応

(1) 反社会的勢力とは

反社会的勢力とは、暴力、威力と詐欺的手法を駆使して経済的利益を追求する集団または個人をいいます。反社会的勢力の可能性がある者の属性として、暴力団、暴力団関係企業、総会屋、特殊知能暴力集団等が挙げられます。

クレーム処理の中でも特に難しいのが、反社会的勢力にかかるトラブルです。処理の仕方を誤ると、会社のトップの社会的あるいは刑事上の責任問題に発展する可能性すら否定できず、また、政治に絡む大きな事件にまで発展することすらあります。反社会的勢力にかかるトラブルを合法的に処理することが、いかに難しく、いかに重要かが分かります。

暴力団については、「暴力団員による不当な行為の防止等に関する法律」(暴力団対策法)によって規制があるほか、各地方公共団体において、地域の実情に即した暴力団排除条例が制定されています。

金融機関等が顧客と取引する際はマネー・ロンダリング（資金洗浄）にも注意しなければなりません。その防止のために、「犯罪による収益の移転防止に関する法律」が制定され、金融機関等に種々の確認義務や記録保存義務が課されています。

⑵ 反社会的勢力からのクレームの特徴

反社会的勢力のからむトラブルが起こるケースとしては、次のような場合が考えられます。

- 企業の倒産案件で、反社会的勢力が整理屋として企業整理を進めて不当な資金を取り込んだり、企業の倒産、債務不履行を機に、反社会的勢力が事件屋として債権者、あるいは債権者の代理人と称して債務者から強引な債権回収を行い、場合によっては他の債権者を威圧して回収行為を押さえ込むなど、企業の倒産時の混乱に乗じて資金集めをしようとする場合
- 商取引や契約上のトラブル・クレーム問題に事件屋として介入し、当事者の一方の代理人と称して相手方に対して脅迫まがいの行動によって、発生した損害額（損害が発生していないこともある）をはるかに超える金額を請求し、支払わせようとする場合
- 近年は取締りにより影をひそめていますが、株主総会に関連して総会屋として、巧妙な手段によって会社から利益を得ようとする場合

●その他、会社、会社関係者のトラブルに乗じて事件屋として介入して不当な利益を得ようとする場合

(3) 反社会的勢力との紛争を避けるために

反社会的勢力との紛争を避けるためには、何よりも反社会的勢力を取引の相手方にしないことが一番です。しかし、会社に反社会的勢力が介入してくる場合、もちろん彼らが自ら、事件屋とか整理屋と名乗ることはありません。常に彼らは、個人名・企業名または団体名を名乗ります。近年は、表向きは普通の企業を装って、最終的に暴力団の資金源になっている企業（フロント企業）も珍しくありません。

取引の相手方に不穏な気配を感じたら、すぐに相手方の名称等を調査し、データベースや調査会社を活用して、そのような傾向がないか調査するようにしましょう(反社チェック)。以前から同じような活動をしている団体の中には、過去に摘発を受けたことなどから、以前の名称を少しだけ変えて事業を継続していることもあります。

取引を始める前の段階で、反社会的勢力と関係することを防止するために、社内体制を整備し、対応マニュアルを策定すべきです。契約書には、互いに反社会的勢力でないことを表明・保証し、万が一相手方が反社会的勢力であることが判明した場合には即時に無催告解除ができるような条

項（反社条項）を入れておくべきです。

会社として反社会的勢力に対してどのように対応するかについては、法務省より、「企業が反社会的勢力による被害を防止するための指針」が公表されており、参考になります。具体的な対応は次のようになります。

- 反社会的勢力についての会社内での認識や対応方法を徹底する
- 情報入手・対応策検討の中心となる担当者を決めて、対策チームを設置する
- 事実関係や相手方についての情報を徹底的に分析する
- 対策チームで毅然と対応する（絶対に逃げない、裏取引や資金提供をしない）
- 会話の一言・一句に気をつけ、交渉記録を整備し、不利な書類を残さない
- あいまいな返事をしない（受け入れられないことは、その場でハッキリ「ノー」と言う）
- 暴排条項、錯誤無効、信頼関係破壊等を理由に取引を解消する
- 反社会的勢力に対する処理に適した弁護士や警察に早めに依頼をする
- 仮処分手続等の法的手段を利用する（「会社に立ち入るな」「電話をかけるな」などの不作為の仮処分や、業務妨害、脅迫などの刑事告訴）

COFFEE BREAK

―――「ビジネスと人権」への取組み―――

近年、企業活動における人権の尊重に関する社会的な関心が高まり、企業にとって重要なテーマになっています。「ビジネスと人権」における企業の取組みの指針として、国連の「ビジネスと人権に関する指導原則」（以下「指導原則」といいます）などが挙げられます。

「ビジネスと人権」に関するリスクには、自社が直接引き起こしている人権侵害だけでなく、第三者等を通じて間接的に助長しているものや関与しているものなど、サプライチェーン上の活動による人権侵害も含まれます。

人権DDにおいて企業は、指導原則等の国際的な指針に基づき、社内外の専門家などを通じて、事業による人権への負の影響を調査・分析するとともに、特定された負の影響を防止・軽減するための対応や、サプライチェーンの管理等を実施すべきです。また、モニタリングによってその後の状況を監視しつつ、情報開示していくことが求められます。国内では、過剰労働、外国人労働者の権利侵害、ハラスメントなどがよく問題になります。

中小企業であっても、人権に関する取組みが不足していると、顧客からの取引停止、事業撤退などネガティブな影響が生じかねません。逆に、積極的に取り組むことにより、新規顧客の開拓や既存顧客の関係強化、生産性やブランド価値の向上などのポジティブな影響につながります。これらの取組みは、トップダウンで全社的に行う必要があり、法務部門は、各部門を横断して情報を管理し、法的なリスク対応を行うことにより、その中心的な役割を果たすべきです。また、サプライヤーとの契約には、CSR（社会的責任）条項を入れることも検討しましょう。

ＴＭＩ総合法律事務所

第２版執筆分担弁護士

濱田慧
三成麻香
中村浩
辻村慶太
吉田昌平

第１版執筆分担弁護士

滝琢磨
海住幸生
上﨑貴史
望月洋美
関理秀
谷口達哉
小林央典
大久保和樹
尼口寛美

著者略歴

堀　龍兒（ほり　りゅうじ）

1943年　兵庫県生まれ。
1966年　大阪市立大学法学部卒業。
同　年　日商岩井株式会社入社。
法務部長，建設・不動産部門統轄室長，取締役，常務取締役，専務執行役員を経て早稲田大学法学部教授。
現　在　早稲田大学名誉教授。TMI 総合法律事務所顧問
著　書　『債権管理・回収の知識』（商事法務研究会）『国際法務戦略』（共編著，早稲田大学出版部）『ペットの法律全書』（共著，有斐閣）『新任取締役等役員へのアドバイス』（商事法務）『Q&A 債権・動産譲渡担保の実務』（編著，新日本法規出版）『リーガル・ネゴシエーション』（共著，弘文堂），その他論文など多数。

淵邊善彦（ふちべ　よしひこ）

1964年　広島県生まれ。
1987年　東京大学法学部卒業。
1989年　弁護士登録。西村眞田法律事務所（現・西村あさひ法律事務所）勤務。ロンドン大学 LL.M.卒業。2000年から2018年まで TMI 総合法律事務所。中央大学ビジネススクール客員教授，東京大学大学院法学政治学研究科教授を経て2019年から現職。
現　在　ベンチャーラボ法律事務所代表弁護士。
著　書　『契約書の見方・つくり方（第２版）』『ビジネス法律力トレーニング』（以上、日本経済新聞出版）『東大ロースクール 実戦から学ぶ企業法務』（編著，日経 BP）『トラブル事例でわかるアライアンス契約』（日本加除出版）『強い企業法務部門のつくり方』（共著，商事法務）『シチュエーション別提携契約の実務（第３版）』（編著，商事法務）『企業買収の裏側　M&A 入門』（新潮社）『クロスボーダー M&A の実際と対処法』（ダイヤモンド社）など多数。

日経文庫

ビジネス常識としての法律

2014年７月15日　１版１刷
2024年２月15日　４版１刷

著　者　堀 龍兒
　　　　淵邊 善彦
発行者　國分 正哉
発　行　株式会社日経 BP
　　　　日本経済新聞出版本部
発　売　株式会社日経 BP マーケティング
　　　　〒105-8308　東京都港区虎ノ門4-3-12

装幀　next door design
印刷・製本　広研印刷

ISBN 978-4-296-11980-6
Printed in Japan

本書籍に関するお問い合わせ、ご連絡は下記にて承ります。
https://nkbp.jp/booksQA